Les dessous de la féminité

FARID CHENOUNE

ASSOULINE

*mon Dieu je voudrais ne dire
que des choses nobles et je me raconte
des histoires de soutiens-gorge*

ALBERT COHEN, *Belle du Seigneur*, 1968.

Ci-contre :
En 1951, le Cinch-Bra de Warner, *ceinture-soutien-gorge-guêpière* à jarretières, portée sous une robe de soirée, se délace d'un coup.
Page suivante :
Mannequin s'habillant en cabine au cours d'une présentation de mode au Stedelijk Museum d'Amsterdam dans les années cinquante.
Page 6 :
Combinaison Valisère, 1994, pour *Le Jardin des modes*.

SOMMAIRE

TRAVAUX D'APPROCHE – 9

1) LE TROUSSEAU, LES DESSOUS : INVENTAIRE ET INVENTION – 14

Petite histoire du pantalon féminin : la fente et ses feintes chorégraphiques – 17

L'embrasement de l'intime – 22

2) CORPS SAINS CONTRE CORSETS – 28

Corselet-gorge, gorgerette, maintien-gorge, soutien-gorge – 38

3) LA GARÇONNE À L'ÈRE DE LA LINGERIE DÉMOCRATIQUE – 44

Chair de brune, chair de blonde – 49

4) PÉNÉLOPE ANNÉES TRENTE : LA NOSTALGIE DE LA FÉMINITÉ – 58

Les travaux d'aiguille de l'éternel féminin – 74

5) 1947-1957 : ANNÉES FROIDES, DESSOUS CHAUDS – 82

En petite tenue – 102

6) PETITES FILLES ET FEMMES LIBÉRÉES : PANTIES, SLIPS MINIS, COLLANTS – 114

Les soutiens-gorge au feu, le trousseau désenchanté – 124

7) LES TENTATIONS DE LA NOUVELLE ÈVE – 134

Les tiroirs de Pandora – 146

8) LES ANNÉES 90 B – 150

Dessous dessus : la mode aux trousses – 160

Les nouvelles fibres de la féminité : la transparence à fleur de peau – 166

ANNEXES – 177

Pour Christine

La commode

C'est une commode paysanne Louis XV que j'ai achetée chez un antiquaire du 6e arrondissement, je devais avoir entre trente-cinq et quarante-cinq ans, des droits d'auteur du Barrage contre le Pacifique *sans doute. Cette commode était chez moi depuis une dizaine d'années lorsque – une nuit – je rangeais mes affaires la nuit comme beaucoup de femmes, je ne sais plus pourquoi, j'ai retiré le tiroir du milieu de son logement et je l'ai posé sur le sol. Un linge qui était pris entre le tiroir de la commode et le corps de la commode est sorti du noir. Il était d'un blanc jauni et lumineux, il était parsemé de taches rose pâle, aussi chiffonné qu'un papier froissé. C'était un caraco, un sous-vêtement de femme, froncé autour du col, bordé par une petite dentelle. Il était en linon. Ce vêtement était là depuis les premiers propriétaires du meuble. Les déménagements s'étaient faits sans enlever les tiroirs. J'ai dit à voix haute : 1720. Les taches roses étaient celles du sang clair des derniers jours des menstrues. Ce caraco avait dû être rangé une fois lavé, il était méticuleusement propre sauf les taches qui ne partaient qu'aux grandes lessives de l'année. À l'endroit des taches le rose qui restait était la couleur que laissait le sang une fois lavé. Le caraco avait pris l'odeur du bois ciré. Les tiroirs étaient trop pleins, le caraco avait dû se trouver à la surface des affaires, il avait dû glisser, être happé par le bord du tiroir et puis être avalé tout entier et finir dans le logement côté aveugle. Pendant deux siècles il était resté là. Il était recouvert de mois et d'années de reprises, reprises reprisées elles-mêmes aussi belles que des broderies. La première chose que l'on pense quand on comprend l'objet c'est : "Qu'est-ce qu'elle a dû chercher." Des jours et des jours. Ne pas comprendre du tout cette disparition…*

MARGUERITE DURAS, *La Vie matérielle*, 1987.

TRAVAUX D'APPROCHE

Trois moments de l'Occident : sous l'Ancien Régime, la vie privée vécue comme cérémonie ; au XIXe siècle, comme roman secret ; au XXe, la vie privée vécue en public...

OCTAVIO PAZ, *Courant alternatif*, 1967.

Les femmes portent des *dessous* ; les hommes ne portent que des sous-vêtements[1]. Cette remarque d'une psychanalyste, Eugénie Lemoine-Luccioni, résume avec une simplicité presque déroutante l'évidente et insondable division du monde qu'on appelle la différence des sexes. De tous leurs atours, les dessous des femmes sont peut-être ceux qui brodent le mieux la légende de ce mystère. Invisibles derrière les vêtements, ils entretiennent de silencieuses conversations avec celles qui les portent et se confient à eux comme à de secrets anges gardiens de leur féminité. Le *cri* d'une soie, le léger craquement d'un corset, le bruissement électrique d'une paire de bas sous une combinaison ou une robe, le frou-frou d'un jupon sont les échos furtifs, devenus clichés sonores, de ces conversations intimes.

Ce livre propose une petite archéologie de ces dessous, les dessous des dessous en quelque sorte : histoire matérielle, histoire sociale, histoire symbolique et, au bout du compte, histoire d'un imaginaire où se fait et se défait la trame jamais achevée d'une féminité en quête d'elle-même, du tiroir au miroir.

Les dessous de cette féminité sont tissés de différents fils, fils d'Ariane qu'il faut suivre pour tenter de comprendre cette trame.

DESSOUS ET DÉROBADE

La vocation érotique des dessous féminins a été maintes fois soulignée. Dissimuler pour mieux laisser deviner, interdire pour faire désirer : les exercices savants ou naïfs de cette rhétorique de la séduction varient, on le sait, d'une époque à une autre, voire d'une classe à une autre. En suivre les modulations, les coquetteries, a été un des labeurs les plus divertissants de cette étude. On y a retrouvé les analyses de Georges Bataille sur la *dérobade* féminine face au désir masculin et le rôle qu'y joue la *parure*, analyses publiées dans les années cinquante, alors que les *pin up* enflammaient l'imaginaire érotique d'une époque à la morale rigide. "*Par le soin qu'elle prête à sa parure, par le souci qu'elle a de sa beauté, que sa parure met en relief, une femme se tient elle-même pour un objet que sans cesse elle propose à l'attention des hommes*", écrit Bataille dans *L'Érotisme* en 1957. "*Se dérober*, poursuit-il, *ne signifie pas que la proposition n'a pas eu lieu*", mais que "*les conditions requises ne sont pas données. Si même d'ailleurs elles sont données, la dérobade première, apparente négation de l'offre, en souligne la valeur. (...) Se proposer est l'attitude féminine fondamentale, mais le premier mouvement – la proposition – est suivi de la feinte de sa négation. La prostitution formelle est une proposition que la feinte de son contraire ne suit pas. La prostitution seule a permis la parure, soulignant la valeur érotique de l'objet. Une telle parure en principe est contraire au second mouvement, où une femme fuit l'attaque. Le jeu est l'emploi d'une parure ayant le sens de la prostitution : la dérobade ensuite attise le désir, ou parfois la feinte de la dérobade*[2]."

LINGERIE ET FÉMINITÉ

Autre fil, partant d'un autre pôle, d'une autre vocation : l'hygiène, vocation qu'on pourrait dire première, sinon archaïque, de la *lingerie*. Hygiène de la peau et d'un corps qui ne cessent de produire des sécrétions dont la lingerie protège le vêtement. Mais aussi, plus profondément, hygiène du corps matrice, des menstrues, du sang et des règles. C'est la lingerie au sens le plus intime du mot : le *linge de corps*. En ce sens, la serviette hygiénique est le premier linge féminin.

On touche là à un sujet tabou, lié au rôle de la virginité et à l'organisation culturelle de la procréation dans la société traditionnelle. C'est là que s'enracine la vocation symbolique de la lingerie. Traditionnellement, en effet, en accompagnant les transformations physiologiques et physiques de la jeune fille, la lingerie accompagnait son apprentissage de la féminité et ses rites de passage. C'est la lingerie au sens le plus cérémoniel et domestique du mot : le *trousseau*. Dans des pages fondatrices, Yvonne Verdier a décrit, en Colette ethnologue et théoricienne, les rites de confection de ce trousseau dans la société paysanne d'un petit village de Bourgogne. Elle a montré comment les filles pour la première fois *en fleurs* (comme on disait au XIXe siècle avec ce sens) *marquaient* leur linge à leurs initiales, à leur *chiffre*, chacune utilisant un point de broderie qui n'appartenait qu'à elle et était son *point de marque*. Les autres travaux de trousseau, broderies, dentelles et ornements, pouvaient être réalisés avec l'aide d'une mère, d'une sœur, d'une couturière, mais cette *marque* personnelle, seule la jeune fille devait l'inscrire sur son linge. "*Autant la broderie peut être définie comme un passe-temps*, écrit Yvonne Verdier, *un art de l'attente dont témoigne, en sa tragique folie brodeuse, la vieille demoiselle du village qui, attendant toujours, brode encore – attente dont seul le*

mariage eût pu la délivrer (...) – ; autant la marque, elle, n'attend pas. Marquer était un devoir immédiat, un point d'honneur, témoignant d'un lien organique entre la fille et son trousseau comme si un linge bien marqué était synonyme d'une fille "bien formée[3]*".*

Livre de bord, livre d'or de cet apprentissage, le trousseau codifiait une relation des femmes à leur propre féminité. La disparition progressive de ce trousseau au XXe siècle est la toile de fond de ce livre, avec son cortège de questions ayant toutes trait à la transformation des modes de transmission, d'inscription et de marquage de cette féminité dans les sous-vêtements et dans les façons de les porter. Quels vestiges reste-t-il de cette culture du trousseau ? La marque de la personne, inaliénable, a-t-elle totalement disparu au profit de la marque commerciale, qui ne cesse de se proclamer unique alors qu'elle est toujours remplaçable ?

CORSETERIE ET MODE

Troisième fil, troisième pôle, celui de la *corseterie* : *corps*, *corsets*, *guêpières*, *gaines*, *soutiens-gorge* ou, sur une frontière de plus en plus ténue avec la lingerie, *bodies* sculpturaux et *collants ventre-plat*. Cette corseterie dite *de maintien* a une vocation technique et esthétique : garde-robe invisible, elle est ce sur quoi le vêtement visible repose et s'appuie, elle lui sert de charpente, de fondations. Comme un tuteur clandestin, elle participe au façonnage du corps fabriqué par la mode et aux évolutions de sa silhouette. En cela, elle est une sorte de corps intermédiaire entre le corps physique et anatomique, avec son lot de chairs et d'ossature, et le "*corps de mode*[4]", utopie portative. Aussi, les enseignements des dessous féminins (ce qu'ils nous apprennent) tiennent-ils à la fois du cours de morphologie et de la leçon sociale.

Offre érotique des dessous, symbolisation des événements de la vie organique du corps féminin à travers le trousseau et la lingerie, construction d'un corps intermédiaire au service des canons esthétiques du moment : ces trois processus sont loin d'être étanches, ils s'imbriquent, se mêlent, se fondent parfois, mouvements, nous le verrons, dont les mots sont souvent les indicateurs les plus sensibles. Entre ces trois postes d'observation, cette brève histoire trace son chemin, échange les éclairages, cherche à regarder et à comprendre les choses sans en pacifier les contradictions ni en épuiser le mystère. C'est tout le charme et la difficulté des travaux d'approche.

Ci-contre : Silvana Mangano en combinaison dans *Riz amer*, film de Giuseppe De Santis, en 1949.
Page 8 : String et combinaison, 1994.
Page 11 : Soutien-gorge corselet, *Vogue* Italie, 1988.

LE TROUSSEAU, LES DESSOUS : INVENTAIRE ET INVENTION

Il m'a dit qu'il aimait les dessous, dit-elle. J'en ai acheté.
Tenez ! six pantalons à vingt-cinq francs pièce.
Voyez cette dentelle, ce ruban ! Eh bien ! ce sale muffle ne les a même pas regardés !

JULES RENARD, *Journal*, 17 novembre 1901.

A la fin du XIXe siècle, sous leurs robes, les femmes se mirent à porter des *dessous*. Jusque-là, elles avaient porté du *linge de corps*, de la *lingerie*, de la *corseterie*. Changement de mots, changements de mœurs ? Faisons cette hypothèse, même si, entre représentations collectives et usages individuels, les tensions et les écarts sont légion, même si, pour les éclairer, les archives de l'intime sont rares. *Dessous* rôdait sans doute ici et là auparavant. On le débusque au XVIe siècle, avec le sens de *vêtement qui est sous un autre*. Au XIXe siècle, ni Pierre Larousse ni Émile Littré n'en font cas. Morts peut-être trop tôt, le premier en 1875, le second en 1881, précisément au moment où le mot commence à faire parler de lui, avec une réputation sulfureuse que n'auront jamais ni *lingerie* ni *corseterie* ni, à plus forte raison, *sous-vêtements*, terme qui n'apparaît dans le dictionnaire qu'à partir de 1907.

Les *dessous* : entre *frou-frous* et *trous-trous*, *falbalas* et *tralalas*, dans les frissons de l'interdit et de la tentation, le succès du nouveau vocable témoigne de l'extraordinaire euphorie qui s'empare alors du vêtement intime féminin : euphorie des mots, euphorie des mâles, euphorie des images, euphorie des femmes, on le verra. L'expression *linge de corps* est descriptive : comme *linge de maison*, comme *linge de table*, vocabulaire d'une féminité nuptiale, maternelle et domestique, elle appartient à la culture du *trousseau* et à son inventaire, fondement des alliances matrimoniales. *Dessous*, lui, est suggestif, invitation sensuelle à un mystère, à un secret, à une vérité cachée, incitation à la curiosité, à regarder, à y aller voir. Il appartient à la culture de

E.S.
1911.

la féminité galante que les spectacles, la photographie, la presse et le commerce de la mode de la fin du XIXe siècle transforment en une industrie de l'imaginaire érotique. Avec l'invention des *dessous*, la lingerie accède au statut d'objet fétiche d'une Belle Époque frivole, assidue au plaisir, aimant s'encanailler et, selon l'expression attestée en 1883, aimant *se rincer l'œil*. Le *trousseau* fait le lit des mariages et des épousés ; les *dessous*, celui de la *noce* fin de siècle et de ses fêtards. L'un est écrin de la virginité, l'autre de la prostitution.

PETITE HISTOIRE DU PANTALON FÉMININ : LA FENTE ET SES FEINTES CHORÉGRAPHIQUES

Les dames qui n'ont pas de pantalons
sont priées de ne pas lever la jambe plus haut que la ceinture.

Affiche au bal de Solférino, *Le Journal amusant*, 11 août 1866.

Ci-dessous :
Panier porté sous la robe à *crinoline*, vaste robe cloche du Second Empire, et par-dessus le pantalon féminin fendu qui se généralise alors. Réclame de la maison Duchateau.
Page de gauche :
Bas noirs, jarretières rouges et pantalons blancs. *Jeune femme aux jambes croisées*, par Egon Schiele, en 1911.
Page précédente :
La Goulue (à gauche) et Grille d'Égout (à droite) en 1885, reines du *chahut*, du *cancan*, du *quadrille naturaliste*, et symboles du Paris noceur fin de siècle. Les dessous féminins deviennent objets de spectacle.

Si les dessous s'émancipent ainsi bruyamment du linge de corps, leur éclosion n'aurait cependant pas été possible sans l'essor préalable de cette lingerie : essor silencieux mais décisif, qui consacre le XIXe siècle "*grand siècle du linge*[1]". Héritier de la révolution textile, à la croisée des préoccupations hygiénistes et puritaines du temps, partie prenante des stratégies sociales et matrimoniales, un nouvel univers de l'intimité féminine, tout de linge et de dentelle, fleurit en vase clos. Au milieu du siècle, la valenciennes, à l'aiguille ou mécanique, est devenue le point de prédilection de cette intimité, ornant le linge des *jeunes personnes*[2]. Cet essor marque la place double, ambiguë, réservée à la femme du XIXe siècle : femme oisive, vitrine de l'homme, à qui l'on impose devoir de retenue et devoir de beauté, pudeur et parure. La femme condamnée aux travaux forcés de la frivolité et de la mode est aussi femme savante dans sa propre sphère, détentrice d'un secret dont le trousseau porte témoignage. L'importance nouvelle de la garderobe intérieure et invisible est à la mesure de cette privatisation de la sphère féminine. Le XIXe siècle, siècle du journal intime, journal de l'âme, est aussi le siècle du trousseau, journal du corps, du linge, de la dentelle, de la broderie, des points et des jours, de tous ces travaux d'aiguille et ces cérémonies du blanc qui ritualisent et individualisent l'apprentissage de la féminité[3]. En brodant ses initiales, souvent au fil rouge, sur le linge immaculé, la jeune fille en âge d'être réglée consigne, comme sur une page vierge, un événement majeur de son existence qu'elle *marque* au point de croix[4].

Le trousseau était d'ailleurs objet de fierté : il valorisait sa propriétaire. Jusque dans les années 1870-1880 environ, il était encore de coutume que la fiancée l'exposât, avec la *corbeille* (les présents du fiancé), avant son mariage. À la fin du siècle, cette exposition du linge est devenue indécente et choque la bienséance. En 1890, la baronne Staffe se félicite de sa quasi-disparition : "*Cet étalage de la lingerie intime était pénible à supporter pour le fiancé et révoltait les pudeurs de plus d'une fiancée*", écrit-elle dans *Usages du monde*, célèbre guide des bonnes manières[5]. Ainsi, tandis que

Ci-dessus :
La revue *Le Frou-frou.*
"*Par son jupon, la femme*
De l'homme trouble l'âme
Par son joli frou-frou"
dit la célèbre chanson
du même nom,
écrite en 1898.
Page de droite :
L'essayage du pantalon,
scène classique
de l'imagerie grivoise
commerciale, en plein essor
au début du siècle.
Pages suivantes :
Les "*professionnelles de la*
plaque sensible" posent
pour les cartes postales
légères, les revues
et les almanachs spécialisés
dans le "*déshabillé*".
À chaque étape
du déshabillage correspond
une pose, comme dans les
pantomimes ancêtres
du *strip-tease*, à l'exemple
du *Coucher d'Yvette*,
premier spectacle du genre
en 1894. Ici, deux d'une
série de trois clichés
(le troisième étant le nu).

le trousseau devient peu à peu le jardin secret d'une intimité féminine pudique, les dessous deviennent, quant à eux, le théâtre public d'une féminité exhibitionniste et fantasmatique.

L'adoption des *pantalons*, ou *caleçons*, couronne cette ascension du linge de corps. Pendant longtemps les femmes n'ont rien porté sous leur jupon ou leur cotillon, et, dans les campagnes, les paysannes continueront encore longtemps à aller fesses et sexe nus, parfois jusqu'au milieu du XXe siècle. Au XVIe siècle, Catherine de Médicis avait temporairement lancé la mode des caleçons, empruntée aux prostituées vénitiennes. Autour de 1730, semble-t-il, après quelque deux siècles d'absence, ils réapparaissent, non dans la toilette intime de l'aristocrate ou de la bourgeoise mais dans la tenue des danseuses de l'Opéra, imposés sur les planches, raconte la chronique, par le raccourcissement des jupes et cotillons de scène, ancêtres du *tutu*, puis par une ordonnance de police. Avant d'être totalement adoptés par la bourgeoisie du XIXe siècle, les caleçons devront se défaire de la malédiction de cette origine scabreuse, d'avoir été d'abord l'attribut de femmes légères. L'Église le dit par ailleurs : ce sont les hommes qui portent la culotte, pas les femmes.

Adoptés sous le Directoire par les *merveilleuses* aux transparentes robes néo-antiques, les pantalons le sont ensuite par les fillettes du nouveau siècle, sur l'exemple de l'éducation britannique qui encourage jeux et exercices de plein air. Balançoire, saut à la corde : portés presque sur la cheville, ils deviennent pièce à part entière de la tenue des petites filles, contribuant à différencier leur costume de celui des *grandes personnes*. À la faveur des voyages, de la pratique de l'équitation, du patinage, ils remonteront néanmoins dans la pyramide des âges, entrant peu à peu dans le trousseau de la femme *comme il faut*[6]. La seconde moitié du siècle les adopte définitivement. La mode est aux crinolines, vastes robes cloches à cages qui mettent l'intimité féminine à la merci de la bise glacée, mais aussi d'un coup de vent ou d'une chute, incidents dont fait son miel le dessin satirique. Entre elle et ses pantalons féminins, la pudibonderie bourgeoise dressera toutefois le paravent bienséant d'un langage euphémistique. Alors que *culottes* semble d'un emploi plus populaire, sinon plus gaillard, *tuyaux de modestie* apparaît dès le règne de Louis-Philippe et, sous le Second Empire, on parle d'*indispensables*, voire d'*inexpressibles*, à la manière de l'Angleterre victorienne.

Une longue chemise de jour enfoncée sous ce pantalon, un corset sur la chemise, un ou deux jupons, un cache-corset, des bas retenus au-dessus du genou par une jarretière (plus tard par des jarretelles) : telle est l'invisible armure des femmes – armure de baleines, de linons, de cotons *madapolam*, de dentelles et parfois de soies – vers 1880. Au centre de ce labyrinthe se cache le point de mire des fantasmes fin de siècle : la fente du pantalon. Fidèles au dimorphisme sexuel classique entre vêtement féminin ouvert et vêtement masculin fermé, les *tuyaux de modestie* n'étaient pas cousus à l'entrejambe, mais fendus, souvent très largement, laissant dépasser les pans flottants de la chemise. À mesure que le corps féminin se dérobe et disparaît sous les nouvelles enveloppes de la pudeur, la question devient ardente : le pantalon féminin doit-il être ouvert ou fermé ?

Le point culminant de sa journée est celui non pas où elle s'habille pour le monde, mais où elle se déshabille pour un homme.

MARCEL PROUST, *Du côté de chez Swann*, 1913.

Pantalon fendu ou cousu, c'est sur celui des sensuelles et obscènes danseuses de *chahut*, de *cancan* et de *quadrille naturaliste* que la question atteint à l'incandescence. Dans les bals des anciennes barrières de Paris, de l'*Élysée-Montmartre* au *Moulin-Rouge*, la Goulue, Grille d'Égout, la Môme Fromage, la Glu, Nini Pattes en l'air, la Môme Cri Cri sont les leveuses de jambe et expertes du grand écart – "*jusqu'à l'honneur*[7]", comme disent les Goncourt – qui font de la fente du pantalon féminin l'objet de fixation du tourment pornographique du temps et de sa littérature de l'œil. Zélé propagandiste de la *noce* montmartroise, l'hebdomadaire satirique *Le Courrier français* décrit ainsi les regards des hommes entraînés sous les jupons de la Goulue, "*ces regards voleurs qui cherchent l'entrebâillement espéré, mais toujours fuyant, du pantalon brodé*" : "*Suivant la progression des figures du quadrille, aux provocantes saillies de son ventre succèdent les déhanchements lascifs de ses reins ; ses bouillonnés, lestement enlevés, dévoilent l'écartement des jambes à travers la mousse des plissés, soulignant, en la chute rapide des valenciennes, au-dessus de la jarretière, un petit coin de vraie peau nue. Et de ce morceau de chair vermeille jaillit, jusqu'aux spectateurs haletants, un rayonnement torride d'acier en fusion. Alors dans une feinte de délire canaille, la bacchante du ruisseau, brusquement troussée jusqu'au ventre, offre en pâture au cercle qui s'est resserré sur elle l'apparition de ses rondeurs si peu voilées par la transparence des entre-deux de dentelle qu'à certain point se révèle, par une tache sombre, la plus intime efflorescence*[8]."

Ci-dessous : Le laçage du corset, thème de prédilection de l'iconographie des dessous, en particulier dans la caricature des XVIIIe et XIXe siècles.
Page de droite : *Nana*, d'Édouard Manet, 1877. Les petites Vénus de la photographie friponne exposées aux étalages des marchands d'images légères sont les cousines des danseuses, lingères et blanchisseuses de Degas et de Manet.

Pantalons ouverts ? fermés ? "*Celui des demoiselles*", fermés ; "*celui des dames*", ouverts, assure en 1902 Armand Sylvestre qui s'amuse de cette "*discussion*" prisée par "*les docteurs de l'amour*" et "*qui n'en finit pas*[9]". Dans *Hygiène de la grossesse*, le docteur Olivier déconseille les pantalons ouverts qui "*laissent passer l'air et les nombreux microbes qu'il contient*[10]". Dans ce débat qui mêle en un réseau confus le fantasme, la morale, la mode, les pratiques hygiéniques et le savoir médical, le pantalon fermé finira par s'imposer à l'approche de la première guerre mondiale[11].

Le destin de ce pantalon fendu ou cousu, métaphore de l'accessibilité ou de l'inaccessibilité du sexe féminin, est au centre du frénétique déploiement des parures invisibles à la fin du XIXe siècle. Autour de l'interdit de la fente, les sous-vêtements des femmes s'embrasent, ils deviennent *dessous*. Les garnitures qui les agrémentent, les enluminent, les fleurissent, se multiplient et leur profusion métamorphose l'espace intime

5299.

Volant pour jupon, fond tulle grec noir ou ivoire, rubans noirs, ivoires ou nuances claires, double volant.

Largeur 2m, hauteur 0m,37.

Occasion exceptionnelle.

Prix

2.10

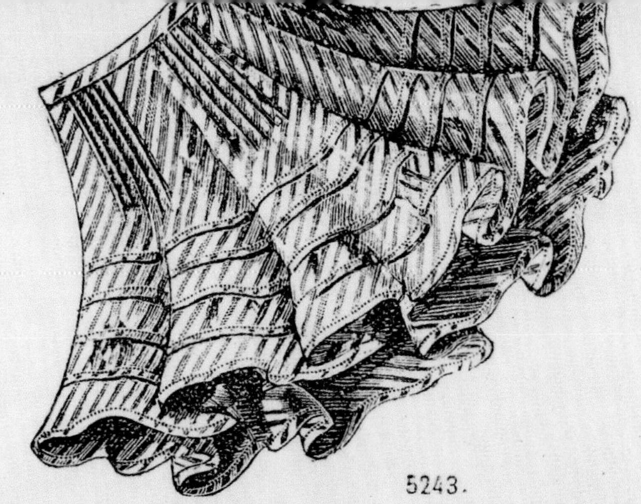

5210.

Volant pour jupon, tulle grec fond noir ou ivoire, rubans noirs, ivoires ou nuances claires, double volant.
Largeur 2m, hauteur 0m,40.
Prix **3.75**

5243.

Volant pour jupon, tissu lavable, fond blanc, rayures en noir, rouge, marine, ciel, rose, mauve.
Largeur 2m, hauteur 0m,36.
Prix **2.75**

5211.

Volant pour jupon, taffetas belle qualité, plis piqués et gansés.
Largeur 2m, hauteur 0m,40.
Noir **7.90**
Nuances claires **8.75**

5220.

Volant pour jupon, moire pékin, noir et blanc, plis piqués et gansés.
Largeur 2m, hauteur 0m,40.
Prix **4.50**

5227.

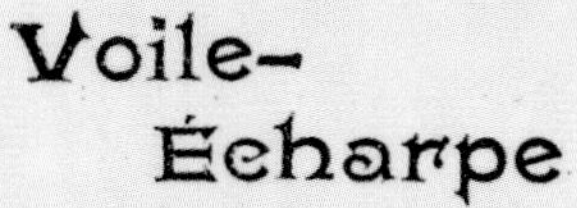

Voile-Écharpe

pour voyage et auto, mousseline soie belle qualité, 3 rayures satin, grand choix de nuances.
Longueur 2m,40, largeur 0m,60.

6.50

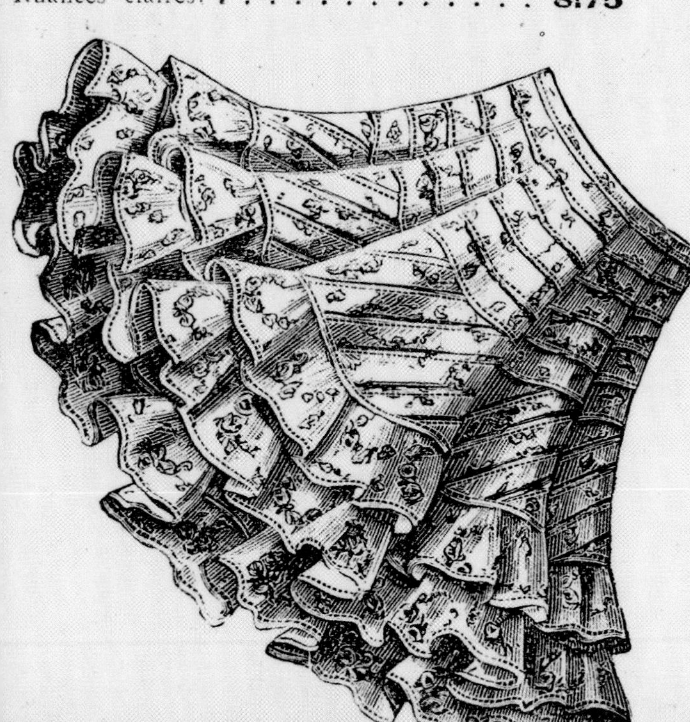

féminin en une écume mouvante, frémissante, bruissante de rubans, de volants, de faveurs, d'entre-deux, de boutons de roses, de trous-trous dans lesquels se faufilent des rubans de soie. Un pantalon, aujourd'hui, c'est "*un trou avec de la dentelle autour*[12]", écrit en 1902 Pierre Dufay pour résumer la logique de cette prolifération dentellière – logique mimétique d'une certaine manière puisque la dentelle est elle-même un art répétitif de l'atour autour d'un jour, du motif autour d'un trou. Jours, points, guipures, broderies, dentelles de Chantilly et de Valenciennes participent du même attisement du désir, de la même suspension du plaisir. Ils contaminent même les toilettes de dessus au point de former un immense catalogue de techniques et de motifs décoratifs dont elles s'inspirent[13]. La presse (la revue professionnelle *Les Dessous élégants* naît alors), la réclame naissante et les étals des grands magasins reflètent et exacerbent cet engouement. Ils constituent une sorte d'école de la tentation, une pédagogie des dessous, un encouragement à faire entrer dans une intimité conjugale souvent réduite à un devoir les artifices coquins de la courtisane et de la danseuse. "*Rien n'égale le pouvoir voluptueux des dessous féminins*, écrit la baronne d'Orchamps dans *Tous les secrets de la femme. (…) Nous tirons toujours parti de l'inéluctable griserie qui envahit le cerveau masculin à l'apparition de ces voiles dont l'ingéniosité vaporeuse et touffue accroît le pouvoir mystérieux et tentateur des trésors enviés à mesure qu'elle feint de les protéger et de les éloigner*[14]."

Si l'exposition du trousseau de la future mariée est devenue chose impudique, l'exhibition des dessous de la cliente potentielle dans les grands magasins, temples de la consommation moderne, a pris le relais : changement de théâtre à la mesure du nouvel imaginaire dont Émile Zola transcrit en 1883 la partition poétique dans *Au bonheur des dames*, chant de la névrose chiffonnière du temps : "*Tout le linge de la femme, les dessous blancs qui se cachent, s'étalait dans une suite de salles, classé en divers rayons (…). Ici, les articles de lingerie fine. (…) Là, les camisoles, les petits corsages. (…) Et les dessous apparaissaient, tombaient un à un : les jupons blancs (…) les pantalons en percale (…) les chemises (…). C'était, aux trousseaux, le déballage indiscret, la femme retournée et vue par le bas, depuis la petite bourgeoise aux toiles unies, jusqu'à la dame riche blottie dans les dentelles, une alcôve publiquement ouverte, dont le luxe caché, les plissés, les broderies, les valenciennes, devenait comme une dépravation sensuelle*[15]."

"*Velours des reins*", "*soie fine des cuisses*", "*satin luisant de la gorge*", écrit encore Zola[16]. En cette fin de siècle qui porte à son paroxysme le culte des dessous jusqu'à muer la peau en tissu et le tissu en peau, un frisson d'Éros court à la fleur des étoffes. C'est lui qui rend vive la main des voleurs de lingerie, des collectionneurs de mouchoirs, des chasseurs de *blanc* (le blanc des *expositions de blanc*, alors en pleine ascension dans les grands magasins). Ces fétichistes délinquants, la chronique policière dit qu'ils se multiplient et la sexologie

Ci-dessous :
Achat de linge de maison, vers 1890.
D'abord aux citadines, puis aux femmes de la campagne, l'industrie et le commerce proposent linge de corps et linge de maison tout faits, concourant ainsi à une lente érosion de la culture du trousseau (initiation, apprentissage, transmission, broderie à la main, etc.), qui s'accentuera au fil du XXe siècle.
Page de gauche :
Page d'un catalogue du *Printemps*, en 1900.

Page de droite : Courtisane poseuse en maillot, bas et jarretières, vers 1905. À cette date, la jarretière est déjà un attribut de la demi-mondaine du pauvre. "*Accessoire presque préhistorique des dessous féminins*", elle a été remplacée par les jarretelles, qui "*présentent l'avantage de ne comprimer aucun organe*", explique en 1907 la baronne d'Orchamps dans *Tous les secrets de la femme.*

naissante les classe dans sa taxinomie des perversions sexuelles, à l'exemple de Krafft-Ebing dans son *Psychopathia Sexualis* en 1886 : ainsi K., quarante-cinq ans, cordonnier, chez qui on a trouvé "*trois cents objets de toilette de femme, entre autres, des chemises de femme, des pantalons de femme, des bonnets de nuit, des jarretières et même une poupée*[17]". En 1908, le médecin Gaëtan Gatian de Clérambault publie *La Passion érotique des étoffes chez la femme.* Dans cet ensemble d'études de cas figure cette femme arrêtée en 1902 pour vol de deux corsages de soie à l'étalage d'un grand magasin. Elle décrit la "*jouissance*" qu'elle éprouve au contact de l'étoffe et de son "*froissement*" : "*il vous excite*, dit-elle, *vous vous sentez mouillée (...). Mais la jouissance est surtout grande quand j'ai volé. (...) La soie m'attire, celle des rubans, des jupes, des corsages. Lorsque je sens le froissement de la soie, cela commence par me piquer sous les ongles, et alors il est inutile de résister, il faut que je prenne*[18]."

Voici ainsi, dans un même mouvement, les dessous féminins promus objets de publications commerciales, de descriptions littéraires, d'études érudites ou frivoles, de commentaires nosographiques. Mais leur invention ne se limite pas à ces emballements de la description. Elle est aussi le fait d'une exacerbation, d'une diversification et d'une industrialisation des plaisirs de l'œil et du voyeurisme masculin. Dans les bals, "*on ne danse plus, on regarde danser. Le jeune homme, qui était autrefois acteur, est devenu spectateur*[19]", lit-on dans *Le Figaro Illustré* en 1894, année où Blanche Cavelli présente au *Concert Lisbonne* un spectacle de pantomime, *Le Coucher d'Yvette*, qui restera dans la mémoire de la grivoiserie comme l'ancêtre du *strip-tease*[20]. *La Toilette de la Parisienne, Le Coucher de la mariée, Le Déshabillé de la midinette* : sur l'exemple de Blanche Cavelli, une émoustillante rhétorique du déshabillage naît alors sur les scènes des théâtres, aux *Folies-Bergères*, au *Bataclan*, aux *Folies-Pigalle*, avec ses petites divas (Louise Willy, Renée de Presle, Angèle Héraud), avec sa dramaturgie et ses étapes licencieuses comme autant de "*stations amoureuses du désir*[21]".

On peut aussi, en 1906 par exemple, souscrire un abonnement à la revue *Le Déshabillé au stéréoscope* et recevoir tous les quinze jours, sous couverture hermétiquement fermée, un fascicule de neuf vues, rehaussées de couleurs, de dames prenant la pose en chemise et bas roses, le buste découvert. On retrouve là les "*professionnelles de la plaque sensible et de la carte illustrée*[22]", anonymes ouvrières de l'entrée des dessous féminins dans la culture de masse. Ces photographies commerciales, ces cartes postales lestes sont les parentes illégitimes des images de dévotion chrétienne, images à *dentelles* elles aussi, qui ont nourri la religiosité populaire, féminine en particulier, du XIXe siècle[23]. Leurs Vierge Marie et leurs saintes, petites Vénus en tenues légères qui suscitent la "piété" masculine des années 1900, sont les cousines des danseuses, lingères et blanchisseuses de Degas, de Manet, de Toulouse-Lautrec. Élégante capricieuse dans son boudoir avec un amant énamouré, beauté professionnelle en déshabillé à sa coiffeuse, trottin en corset et pantalon badinant sur les genoux d'un gentleman noceur, autant de scènes convenues de la vie frivole parmi d'autres, reproduites à des centaines de milliers d'exemplaires, qui constituent le bréviaire du dessous coquin de la Belle Époque.

CORPS SAINS CONTRE CORSETS

Les corsets et les tournures occupaient un comptoir, les corsets cousus,
les corsets à taille longue, les corsets cuirasses, surtout les corsets
de soie blanche, éventaillés de couleur, dont on avait fait ce jour-là un étalage spécial,
une armée de mannequins sans tête et sans jambes, n'alignant que des torses,
des gorges de poupée aplaties sous la soie, d'une lubricité troublante d'infirme.

ÉMILE ZOLA, *Au bonheur des dames*, 1883.

"A*rmures, écus, carcans, gaines, ganses, baleines, épaulières, jambières, cuissards, gantelets, corselets, licous de perles, boucliers de plumes, baudriers de satins, de velours et de gemmes, cottes de mailles*" : ainsi allaient harnachées, de sortie au bois de Boulogne, Otero et Cavalieri, deux des plus célèbres demi-mondaines 1900, telles que les revoit Cocteau. "*Ces chevaliers hérissés de tulle, de rayons et de cils, ces scarabées sacrés armés de pinces à asperges, ces samouraïs de zibeline et d'hermine, ces cuirassiers du plaisir*[1]" portent à son comble le caparaçonnage de la femme convoitée de la Belle Époque. Au cœur de cette stratégie de la forteresse trône le corset. Années de frénésie pour la lingerie, ces années sont aussi des années de souveraineté pour la corseterie.

Depuis environ 1810, depuis la disparition des robes *à l'antique* du Directoire et de leur taille sous les seins, le corset a peu à peu recouvré ses prérogatives, avec ses *baleines*, ses lacets et son rigide *busc*, lame elle aussi d'os de baleine, de bois ou de fer, goussetée devant dans le tissu pour maintenir droits le corset et la femme qui le porte. Mais sa vocation a changé. Étui conique au XVIIIe siècle, il était également l'instrument d'une pédagogie du maintien et de la posture : tuteur et instituteur du corps. Au siècle suivant, cette mission de correction sera prise en charge par la corseterie médicale. On corsetera d'ailleurs de moins en moins les enfants, comme c'était le cas avant la Révolution. Le nouveau corset du corps féminin n'a, lui, pour prime vocation ni de le dresser ni de le redresser, mais de le modeler en mettant en valeur son académie (la taille, la poitrine, la croupe) selon les canons esthétiques et érotiques du moment[2]. Auxiliaire

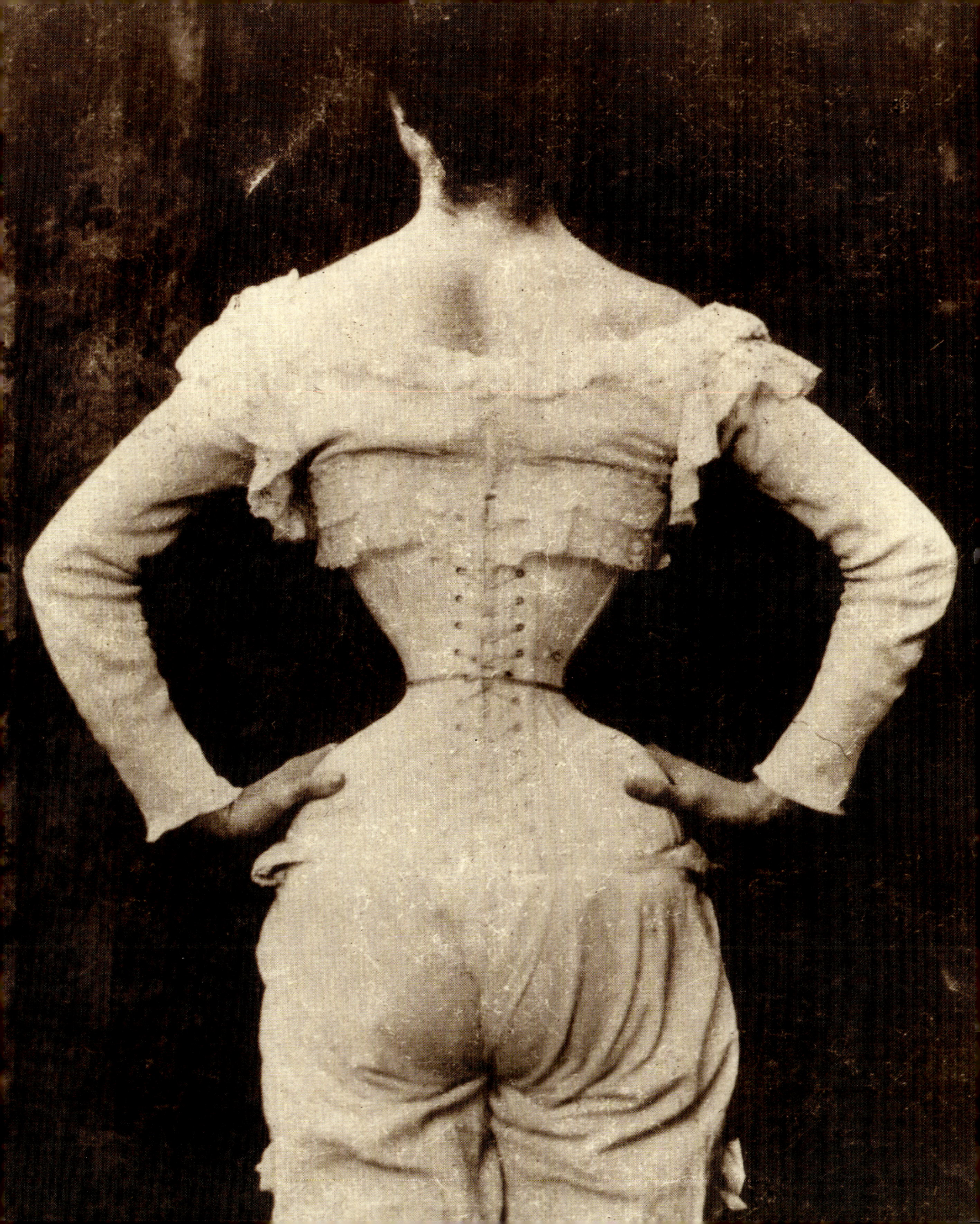

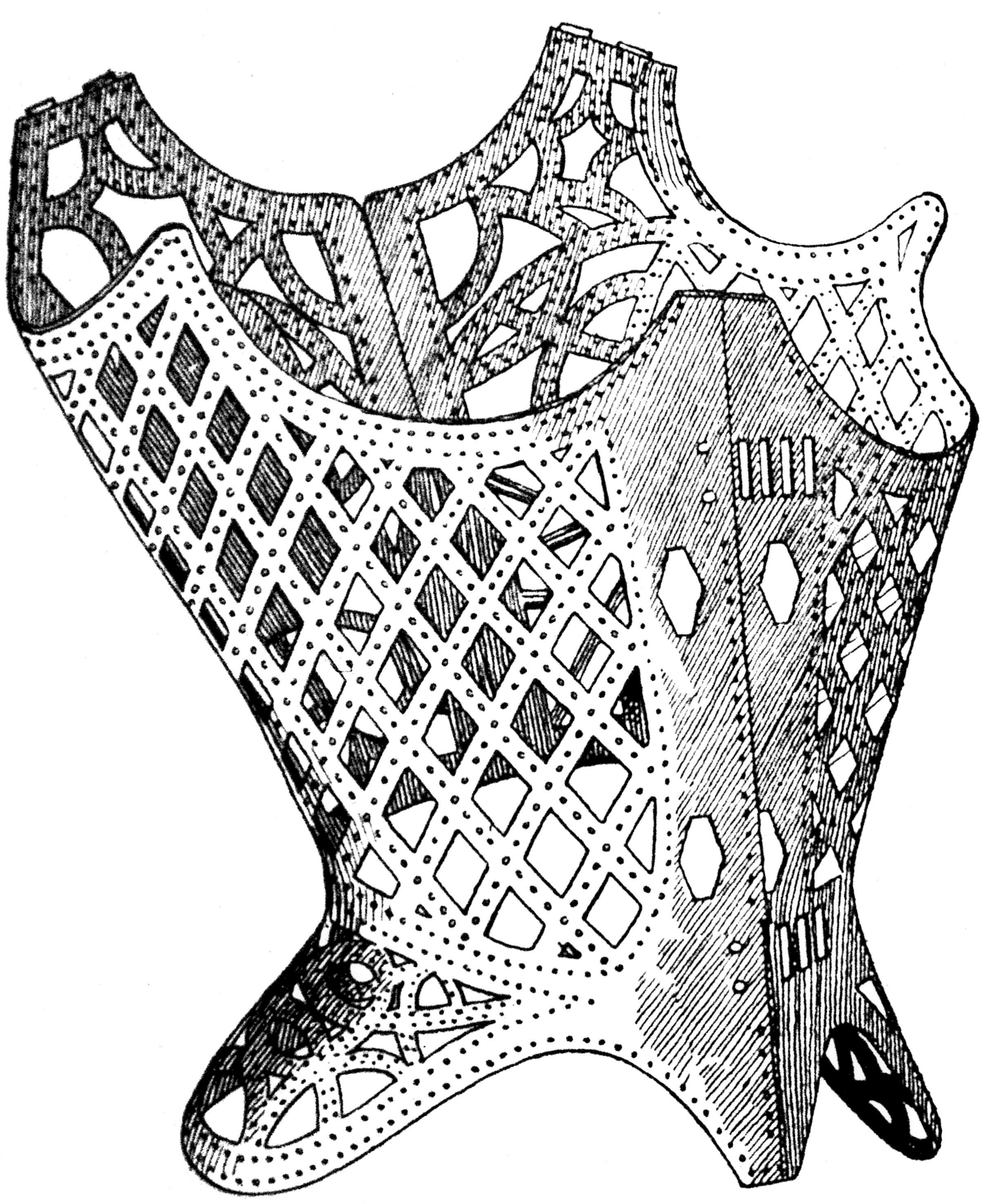

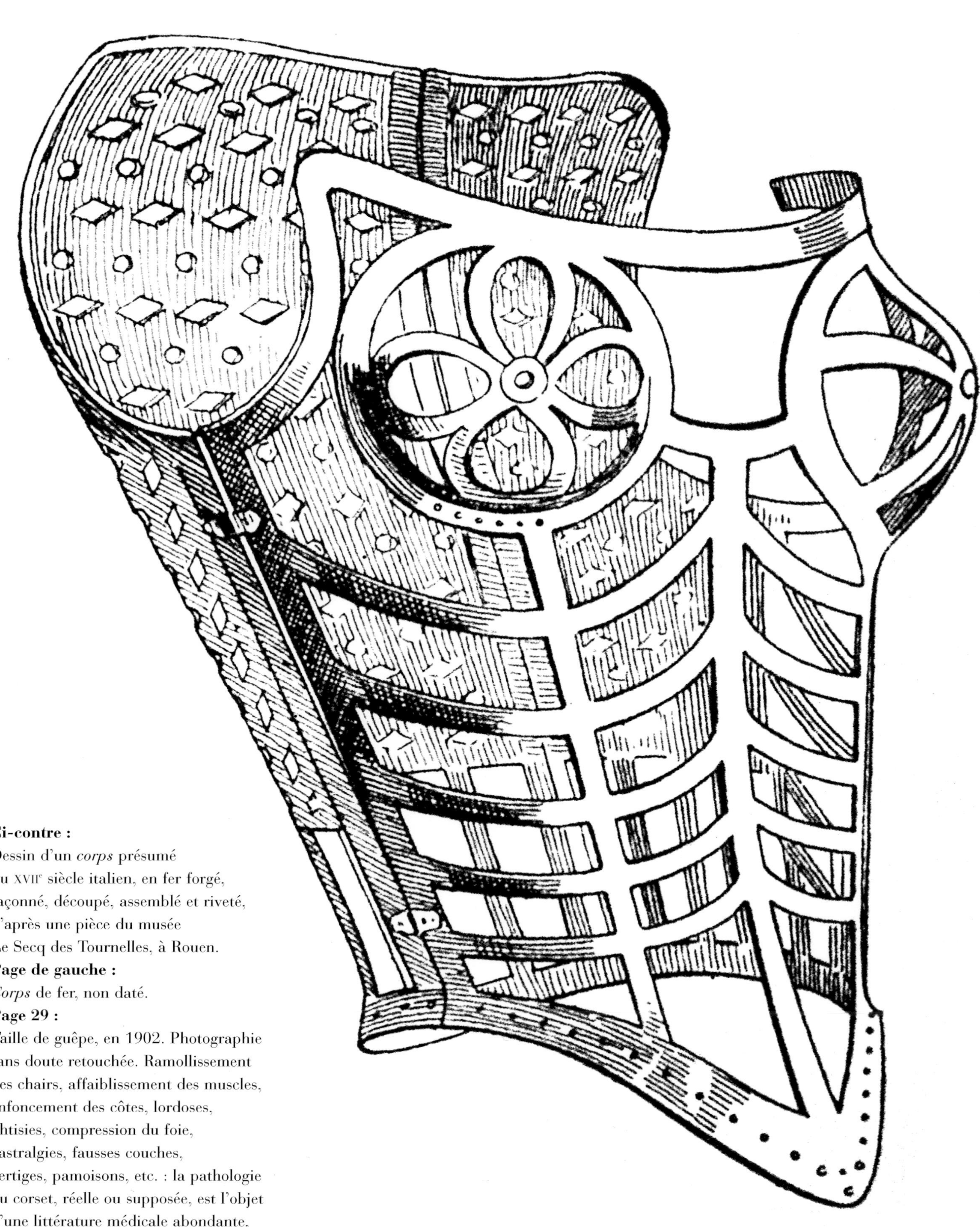

Ci-contre :
Dessin d'un *corps* présumé du XVIIe siècle italien, en fer forgé, façonné, découpé, assemblé et riveté, d'après une pièce du musée Le Secq des Tournelles, à Rouen.
Page de gauche :
Corps de fer, non daté.
Page 29 :
Taille de guêpe, en 1902. Photographie sans doute retouchée. Ramollissement des chairs, affaiblissement des muscles, enfoncement des côtes, lordoses, phtisies, compression du foie, gastralgies, fausses couches, vertiges, pamoisons, etc. : la pathologie du corset, réelle ou supposée, est l'objet d'une littérature médicale abondante, en particulier à partir de 1850.

de la mode, il est la charpente de la silhouette et de ses métamorphoses : corset sablier des robes à crinolines du Second Empire, corset cuirasse des belles longilignes des années 1870 finissantes, à la taille et aux hanches allongées, corset des femmes-cygnes de 1885, à la cambrure hypertrophiée en tournure *strapontin*, corset sinueux de la ligne en S 1900, corset tubulaire des élégantes des années dix, inspirées du Premier Empire.

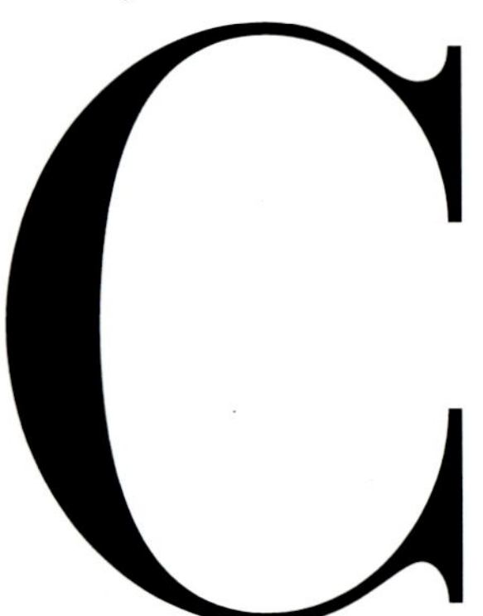

Ce corset-là relève de l'orthopédie chimérique de la mode, sorte d'*orthogynie* à la gloire d'une femme artificielle, cultivée comme une plante de serre dans un siècle de grands célibataires qui tient en horreur la femme naturelle (Balzac, Flaubert, Baudelaire). En modelant la silhouette, en faisant la taille fine aux jeunes filles, il accroît aussi leurs chances sur le marché matrimonial. En 1843, dans un dessin de Frédéric Bouchot, une mère recommande à la couturière de sa fille de “*serrer le plus possible*, car, dit-elle, *nous avons maintenant des vues sur un autre épouseur qui (...) aime les formes très sveltes*[3]”. “*Pauvres enfants !* s'exclame le docteur Debay en 1857. *Et c'est pour vous rendre attrayantes que vos mères aveuglées vous torturent de la sorte...*[4]” La diffusion du corset ne cessera de s'élargir. Même aux ouvrières, même aux paysannes, la confection propose, en gros coutil, ce symbole de l'oisiveté luxueuse de l'aristocrate et de la bourgeoise. Dans les catalogues, les modèles se diversifient : corsets de mariage, de voyage, du matin, corsets de nuit, d'équitation, de bal, corsets de bain, de chant, d'été. Dans les rayons des grands magasins, l'objet constricteur est devenu article de mode, offert lui aussi à l'envie des clientes.

Cette immolation volontaire fait le délice des satiristes et caricaturistes. Ils raillent l'imposture de la coquette sans formes, sac d'os dans sa chemise de nuit le matin, beauté callypige et mamellaire le soir, par la vertu rebondissante d'un corset, d'un *cul de Paris*, voire, en 1867 – parmi d'autres *falsies*, comme disent les Anglais – de *poitrines adhérentes*[5]. Autre cible de prédilection de la caricature, la cérémonie du délaçage. Délaçage perplexe du mari nigaud s'étonnant d'avoir à défaire une rosette le soir là où il avait fait un nœud le matin. Délaçage maladroit de l'amoureux inexpérimenté qui ne sait pas s'y prendre et moqué par sa maîtresse, comme dans ce dessin de Gavarni vers 1845-1850 : “*– Dis donc, petit, tu aimes les huîtres ? – Oui,... mais j'aime mieux les femmes. – ... Sais-tu les ouvrir ? – !!!*[6]” Dans les années 1830, la séparation du busc en deux parties s'agrafant l'une à l'autre, puis, à partir des années 1840, le laçage *à la paresseuse* permettront de mettre et d'enlever un corset sans aide. Mais le symbolisme sexuel du délaçage de la femme par l'homme, métaphore du privilège de sa défloration, est tel qu'il conservera longtemps son efficacité érotique, même sous la forme dégradée du dégrafage. “*J'aurais voulu, à l'instar des grands amoureux, arracher les boutonnières, déchirer son linge, mais la crainte qu'elle me fît une observation me retint*, confesse le héros d'Emmanuel Bove dans *Mes amis* en 1924. *Bientôt elle se trouva en corset. Les buscs en étaient tordus. Un lacet liait son dos. Les seins se touchaient. Je dégrafai ce corset en tremblant*[7].”

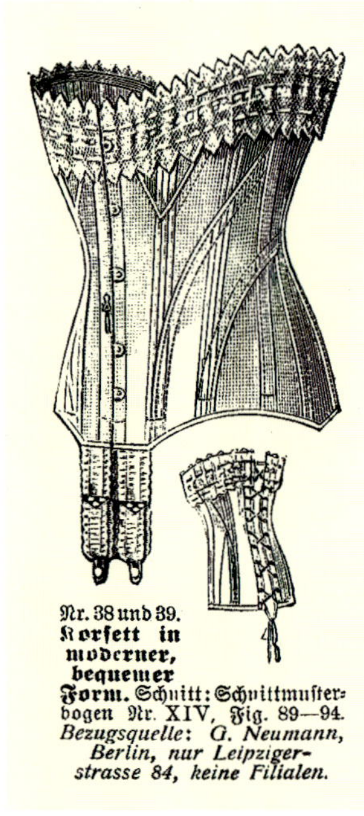

Ci-dessus : Réclame allemande pour un corset souple, 1910.
Page de droite : Vitrine d'une boutique de corsets, boulevard de Strasbourg, à Paris, vers 1900.
Page 35 : La cérémonie du délaçage. Illustration de F.V. Reznicok, 1908.

A.SIMON
Ouverts
Dimanche
Demander
Catalogue
Illustre
OKTIS
OKTIS
OKTIS
Corsets exposés sont en rayons,
de Tailles & de Nuances.

Le symbolisme sexuel du délaçage de la femme par l'homme, métaphore du privilège de sa défloration, est tel qu'il conservera longtemps son efficacité érotique, même sous la forme dégradée du dégrafage.

Et puis leur mise, trop confortable, trop courte, trop claire.
J'ai été longtemps à me demander ce qui me déroutait le plus : je me suis aperçu qu'elles ne portaient pas de corset, alors tout ce qu'elles mettent a l'air mal attaché.
Avec ça bicyclette, allures masculines et nez en l'air.

HENRI ALAIN-FOURNIER, lettre à Jacques Rivière, juillet 1905.

Ci-dessous : Les quatre corsets du bourgeois en 1840. *"C'est unique ! J'ai pris quatre tailles, juste comme celles-là dans ma vie. Fifine ma première ! Cocotte, cette gueuse de Cocotte ! La grande Mimi, et mon épouse là-haut dans le coin."* Daumier, *Chez Bauger, rue du Croissant, 16.*
Page de droite : Page de catalogue des *Grands Magasins de la Samaritaine,* vers 1905.
Pages précédentes : À gauche, Corset médical, 1890. À droite, Madonna portant le corset créé par Jean-Paul Gaultier pour sa tournée mondiale *Blond Ambition World Tour,* en 1990.

La *garçonne* des Années folles, à l'ourlet et aux cheveux courts, sera une femme sans corset. Le rôle de la guerre dans cette métamorphose du physique féminin, symbole d'un changement des mentalités et des conditions, est connu : en quittant leur foyer pour accomplir des tâches masculines abandonnées par les hommes partis au front, les femmes quittent aussi des carcans qu'elles ne réintégreront pas le conflit fini. Mais, on le sait aussi, la mue s'est amorcée avant août 1914, lentement. À partir de 1904-1905, la silhouette s'allonge, s'affine, tend à échapper à la dictature des volumes dans un climat esthétique de déliement du corps dont les prêtresses sont les danseuses modernistes : Loïe Fuller, avec les vastes ondulations de ses ailes-voiles, Ruth Saint Denis, qui a appris de sa mère féministe le refus du corset, ou encore Isadora Duncan, lectrice et disciple du Rousseau émancipateur de l'*Émile*[8].

"Tout ce qui gêne et contraint la nature est de mauvais goût ; cela est vrai des parures du corps comme des ornements de l'esprit. La vie, la santé, la raison, le bien-être doivent aller avant tout[9]*."* En 1762, dans un passage demeuré célèbre de son traité sur l'éducation, Rousseau, après avoir condamné l'emmaillotement des nourrissons, fustige *"l'usage de ces corps de baleine"* par lesquels les femmes *"contrefont leur taille plutôt qu'elles ne la marquent"*. *"Il n'est point agréable de voir une femme coupée en deux comme une guêpe,* poursuit-il ; *cela choque la vue et fait souffrir l'imagination. La finesse de la taille a, comme tout le reste, ses proportions, sa mesure, passée laquelle elle est certainement un défaut : ce défaut serait même frappant à l'œil sur le nu, pourquoi serait-il une beauté sous le vêtement ? Je n'ose presser les raisons sur lesquelles les femmes s'obstinent à s'encuirasser ainsi : un sein qui tombe, un ventre qui grossit, etc., cela déplaît fort, j'en conviens, dans une personne de vingt ans, mais cela ne choque plus à trente*[10]*."*

Héritage du rousseauisme, poussée du féminisme, montée de l'hygiénisme : de multiples courants de pensée et mouvements réformistes convergent dans la seconde moitié du XIXe siècle pour mettre au ban le corset. S'y mêlent les voix du médecin (Debay et son *Hygiène vestimentaire* en 1857), du militant (en Grande-Bretagne, la *Rational*

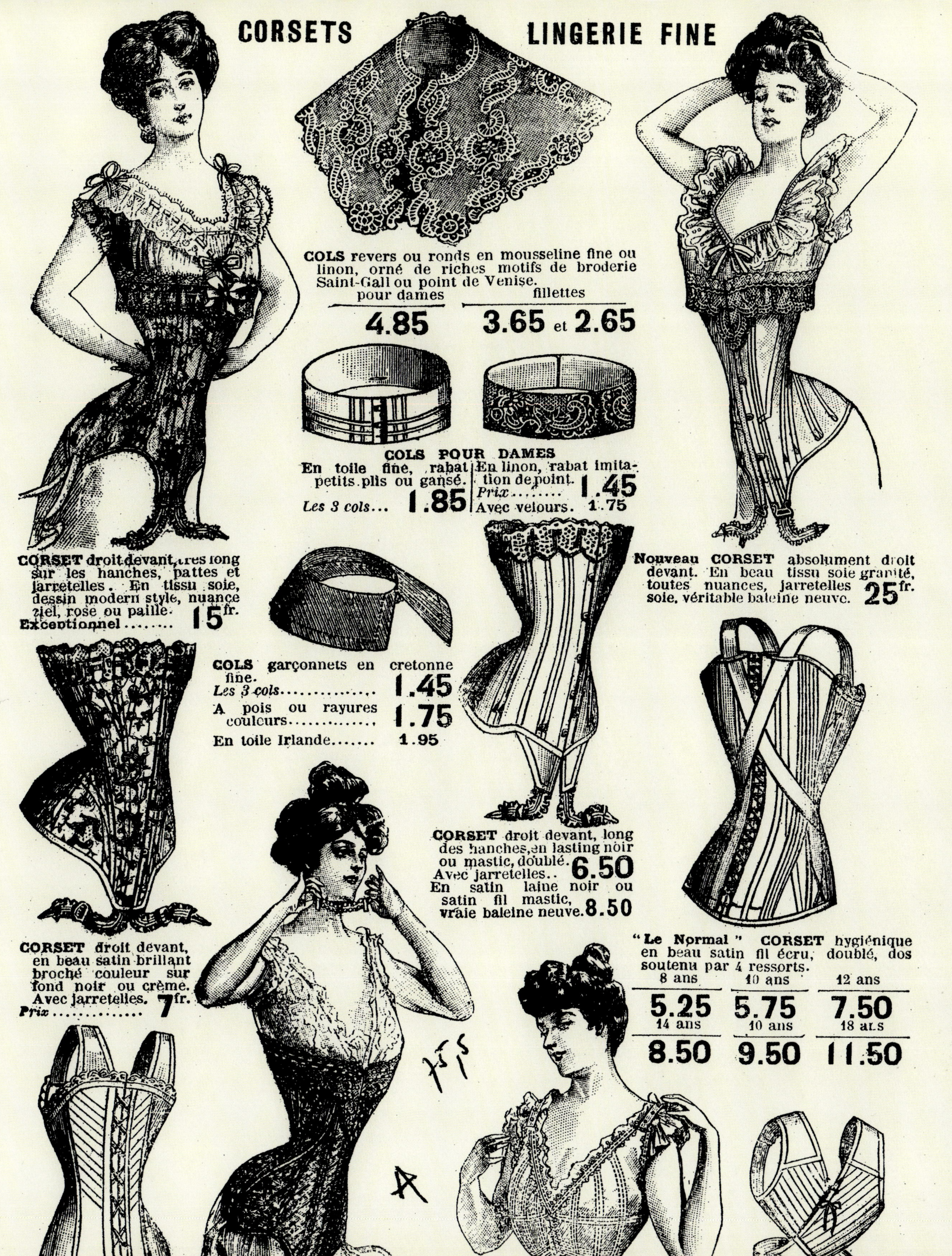
CORSETS
LINGERIE FINE
COLS revers ou ronds en mousseline fine ou linon, orné de riches motifs de broderie Saint-Gall ou point de Venise.
pour dames
4.85
fillettes
3.65 et 2.65
COLS POUR DAMES
En toile fine, rabat petits plis ou gansé.
Les 3 cols... 1.85
En linon, rabat imitation de point.
Prix 1.45
Avec velours. 1.75
CORSET droit devant, très long sur les hanches, pattes et jarretelles. En tissu soie, dessin modern style, nuance ciel, rose ou paille.
Exceptionnel........ 15fr.
Nouveau CORSET absolument droit devant. En beau tissu soie granité, toutes nuances, jarretelles soie, véritable baleine neuve. 25fr.
COLS garçonnets en cretonne fine.
Les 3 cols.............. 1.45
A pois ou rayures couleurs............ 1.75
En toile Irlande....... 1.95
CORSET droit devant, long des hanches, en lasting noir ou mastic, doublé.
Avec jarretelles.. 6.50
En satin laine noir ou satin fil mastic, vraie baleine neuve. 8.50
CORSET droit devant, en beau satin brillant broché couleur sur fond noir ou crème. Avec jarretelles.
Prix.............. 7fr.
"Le Normal" CORSET hygiénique en beau satin fil écru, doublé, dos soutenu par 4 ressorts.
8 ans 5.25
10 ans 5.75
12 ans 7.50
14 ans 8.50
16 ans 9.50
18 ans 11.50

Dress Society créée en 1881) et de l'artiste (des *préraphaélites* autour de William Morris à Oscar Wilde, outre-Manche encore[11]). À travers ces mouvements, à travers l'essor du sport, à travers le succès de la culture physique et du naturisme dans les premières années du XXe siècle, se dessine l'idéal d'une beauté *naturelle*, affinée, d'une minceur athlétique, traquant par l'exercice ou les *pilules amaigrissantes* les graisses et les plis qui donnaient aux anciennes beautés opulentes leur sensualité paresseuse[12]. "*Culture physique, culture physique ! elles y courent*", s'exclame Colette en 1913 devant ces femmes qui rêvent "*athlétisme, performances (...) tout en discourant hygiène, gymnastique et existence rationnelles... Rationnelles !* ajoute-t-elle. *Je me demande quel sens elles peuvent bien donner à ce mot-là... Je crois que pour elles ça signifie tout nu, ou quelque chose comme ça...*[13]" En 1910, sa corsetière doit déployer des trésors d'imagination pour satisfaire "*ces dames qui se font maigrir*" mais se retrouvent avec "*trop de peau sur le ventre*", ou qui, comme Mme P..., la somment de faire des miracles : "*Madame Adèle, (...) je ne veux plus de mes hanches ! arrangez-vous*[14] *!*"

Parmi les couturiers, certains ébauchent déjà ce corps de femme sans corset – Madeleine Vionnet par exemple, alors chez Callot Sœurs[15] – mais c'est Paul Poiret qui

s'érigera en héros abolitionniste. "*Je lui livrai la guerre,* écrira-t-il après coup. *Le dernier de ces appareils maudits s'appelait le Gaches-Sarraute. (...) C'est au nom de la liberté que je préconisai la chute du corset et l'adoption du soutien-gorge qui, depuis, a fait fortune*[16]." Poiret fait certes œuvre de novateur lorsque, autour de 1907, il monte ses robes d'inspiration Directoire, à la taille sous les seins, sur une haute ceinture intérieure, un gros-grain, légèrement baleiné, qui à la fois tient la robe en place et dispense de porter un corset, la poitrine désormais libre étant au besoin couverte d'une petite brassière[17]. Certains de ses modèles furent même dépourvus de gros-grain, tel *Lola Montès*, robe d'après-midi habillée, reproduite à des centaines d'exemplaires en 1906, tombant d'une ligne à partir du point d'appui de la silhouette moderne : non plus la taille, mais les épaules[18]. Mais la réalité est aussi plus complexe et nuancée. Qu'on songe à ces robes sultanes en fuseau, inspirées des costumes orientalistes du *Shéhérazade* (1910) des Ballets russes qui alors scandalisent et triomphent : Poiret y dégage le buste des femmes, mais leur entrave aussi les jambes (c'est ce qui frappera d'abord les contemporains), traduisant ainsi les tensions contradictoires d'un temps taraudé par une émancipation féminine aux visages divers, de la revendication suffragiste à la semi-clandestinité du saphisme.

Ci-dessus :
Colette en 1906, à l'époque où, jouant dans *Le Pan*, mimodrame de Charles van Lerberghe, elle apparaît "*outrageusement nue sous ses peaux de bêtes*" (*Paris Lumière*, le 5 décembre 1906).
Page suivante :
Theda Bara, première *vamp* du cinéma, au moment de la Grande Guerre.

Autour de 1910, un mouvement longiligne général tend en fait à affranchir le buste et à faire descendre parfois jusqu'à mi-cuisses un corset qui gagne peu à peu en souplesse (les baleines sont ainsi remplacées par des ressorts caoutchoutés ou recouverts de Celluloïd). Le corset tend à devenir *gaine*. Le mot lui-même est d'ailleurs attesté en 1909 et Poiret le commente dans *Vogue*, le 1er novembre 1913 : "*La gaine n'a pas d'autre objet que de marquer la saillie de la poitrine et la courbe de cette ligne gracieuse qui commence sous le bras et tombe sous la cheville. Il me semble que sa place normale est immédiatement au-dessous du buste, de façon que, quels que soient l'attitude et le geste, aucune des qualités plastiques du corps ne soit gênée par la robe*[19]."

Le buste ainsi dégagé, les seins peuvent être soutenus soit par un petit cache-corset brassière, parfois légèrement baleiné, soit simplement par la chemise, toujours présente, tendue sous le corset, soit par une *gorgerette*, soit encore par un *maintien-gorge*, soit, enfin, par ce qu'on commence à appeler un *soutien-gorge*. *Soutien-gorge* est entré dans le dictionnaire *Larousse* en 1904, résultante lexicale des recherches et des tâtonnements des médecins, des femmes souvent, et des corsetières qui, de brevet en brevet, cherchent à créer un corset hygiénique soulageant l'abdomen : la *doctoresse* Gaches-Sarraute, par exemple, vouée aux gémonies par Poiret, et, parmi les corsetières, Herminie Cadolle, qui met au point le *corselet-gorge*[20]. Les bretelles, dites *épaulettes* (parfois nouées), en retenant les goussets de poitrine, permettront de désolidariser les deux fonctions qui jusque-là faisaient corps dans le corset : l'enserrement de la taille et le soutien de la gorge. Mais, dans ces années dix, la mode n'étant plus aux formes plantureuses, ce soutien-gorge est encore peu gousseté, sans l'armature dont le doteront les années trente. En 1910, à un moment où "*robes princesse*" et "*fourreaux plats*" ont "*détrôné la gorge*", l'usage flottant que la corsetière de Colette fait et du mot et de la chose résume on ne peut mieux la situation : "*N'ayez pas peur ! je vais vous expliquer avec un bout d'étoffe... On attrape le sein, tenez, comme ça, et on le plie, en bas, en le rabattant autant que possible sur les côtés. Par là-dessus, vous mettez un petit soutien-gorge : mon 14 bis, un amour ! Ce n'est pas à proprement parler un* soutien-gorge, *c'est un petit tissu élastique pour maintenir le sein dans la position. Et, par-dessus le tout, vous mettez mon corset, mon grand 327, la merveille du jour. Et vous voilà avec une silhouette divine, pas plus de hanche, de ventre, ni de postérieur qu'une bouteille à vin du Rhin, et surtout une poitrine d'éphèbe ! Avoir une poitrine d'éphèbe, tout est là*[21]."

LA GARÇONNE À L'ÈRE DE LA LINGERIE DÉMOCRATIQUE

Ah ! les beaux jupons de taffetas bruissants qui avertissaient les hommes à l'approche d'une femme comme, dans la jungle, le chasseur est averti quand le serpent à sonnettes avance.
Princesse BIBESCO, *Noblesse de robe*, 1928.

Accentuée par la guerre, la désaffection des femmes pour les dessous affriolants est à son apogée au milieu des années vingt. Les *gosselines* aux cheveux coupés sur la nuque, qui dansaient en 1914 sans corset avec les *marlous* de *Jésus-la-Caille*, le roman de Francis Carco, ont fait école[1]. Au tango, au *fox-trott*, au *cake-walk*, au *one-step*, au *shimmy* d'avant-guerre, ont succédé le *black-bottom* et le *charleston* de l'ère du jazz. Les secousses et les trémoussements de la *dansomanie* achèvent de chasser le corset de l'équipement de la *garçonne*.

Ses robes aux lignes droites dessinent un corps plat, androgyne, sans courbes, sans fesses, sans poitrine (certaines se font opérer), sans taille : 74 centimètres de tour en moyenne en 1922 contre 56 en 1889, selon l'historienne de la mode Madeleine Delpierre[2]. Pour avoir, comme la Valentine de la chanson à succès, "*de tout petits tétons*" qui se tâtent "*à tâtons*", la *midinette* adopte en guise de soutien-gorge l'*aplatisseur* ou le bandeau *correcteur*. Le pantalon d'avant-guerre, elle le troque contre la culotte de jersey (la culotte Petit Bateau commence alors sa carrière[3]), ou, plus élégant, de voile triple. Si elle ne porte plus de corset, elle peut porter en revanche une gaine ou une *ceinture*, en tricot caoutchouté et à même la peau, sans chemise. Chemises, cache-corsets, jupons ont sombré dans cette simplification de la garde-robe intime. "*Ils ont supprimé le linge des femmes, ces vandales ! Le boucher lui-même sait pourtant qu'il faut du papier à dentelle autour du gigot[4] !*" fulmine le peintre et caricaturiste Alfred Willette (1857-1926), pilier de la Belle Époque.

Colette, toujours observatrice de premier rang, rapporte en 1924 les récriminations désabusées d'une vieille vendeuse de maison de couture, affligée par l'effluve des odeurs intimes que libère cette disparition du linge, traditionnel dépositaire des sudations du corps, de ses sécrétions et donc de ses secrets : "*Que voulez-vous, madame ! Autrefois la femme portait du linge, du beau linge de fil qui lui essuyait la peau ; à présent, quand elle quitte sa robe en la retournant comme un lapin qu'on dépouille, vous voyez quoi ? Un coureur pédestre, madame, en petit caleçon. Un mitron en tenue de fournil. Ni chemise, ni pantalon de linge, ni jupon, ni combinaison, quelquefois un soutien-gorge – souvent un soutien-gorge... Avant de venir à l'essayage, ces dames ont marché, dansé, goûté, transpiré... et je m'arrête là... Il est loin, leur bain du matin ! Et leur robe, portée à même la peau, qu'est-ce qu'elle sent, leur robe à deux mille balles ? Le combat de boxe, madame, et le championnat d'escrime ! "Deuxième round, parfum troublant"... Ah ! Dieux*[5] *!*"

Ci-dessous :
Chemise de jour, 1925.
Page de droite :
Marlène Dietrich en 1922.
Page 45 :
Garçonne de photographie grivoise. La lingerie de la garçonne sonne le glas des frou-frous et des corsets de la Belle Époque : bas de soie (souvent artificielle), rose, *chair*, nacre, combinaison-culotte flottante et soutien-gorge bandeau pour aplatir les seins, aussi invisibles que possible. On commence à parler de *petites culottes* et de *slips*. "*La culotte fermée a complètement remplacé le pantalon ouvert*", constate *Le Corset de France et la lingerie*, en février 1930.

Loin des dancings cosmopolites et des maisons de couture parisiennes, dans le silence un peu gris des catalogues et des magazines populaires, dans les guides de beauté et de soins à deux sous, c'est la même pente de l'époque, plus douce. La "*culotte de jersey, serrée à la jambe par un caoutchouc*", y fait figure de culotte passe-partout, recommandée "*sous n'importe quelle toilette*[6]", du fait de "*l'extrême raccourcissement des jupes*[7]". De toute façon, explique *Mon trousseau*, "*qu'il s'agisse de ces petites culottes fantaisie*" ou, pour celles qui n'y ont pas renoncé, "*de pantalons de lingerie, il est essentiel qu'ils tiennent sous la robe le moins de place possible*[8]".

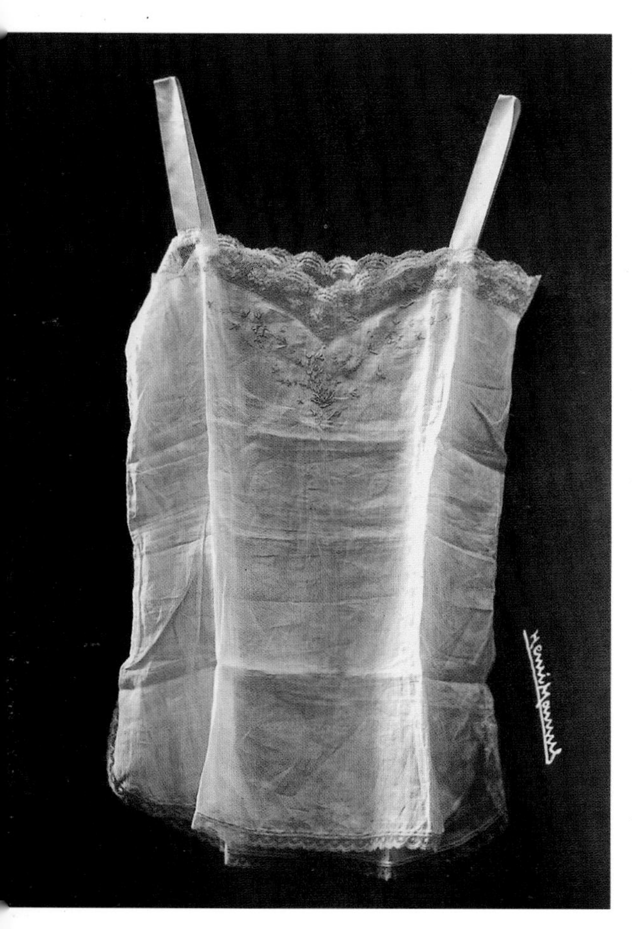

La chemise et le pantalon, pris séparément, sont en effet en voie de disparition, mais leur combinaison en une *chemise-pantalon*, dite aussi *chemise-enveloppe*, apparue avant-guerre, se généralise, avec son cortège de petits malheurs à l'entrejambe : patte trop courte, patte qui ferme mal, boutonnage qui s'arrache, etc. Les étoffes utilisées sont si légères que l'on conseille d'ailleurs d'en doubler le fond, surtout s'il y a une patte[9]. Comme la *chemise-pantalon*, est apparue aussi très tôt la *combinaison-jupon*. Chacune a ses satellites : *combinaisons-culottes*, *combinaisons-pantalons*, *chemises-petites culottes* pour l'une, *chemises-petits jupons*, *combinaisons-jupons*, voire *combinaisons-cache-corsets-petits jupons* pour l'autre. *La Lingerie pour tous* en propose les patrons à ses lectrices aux modestes moyens, leur rappelant (mais elles le savent) qu'"*avec les restes d'une robe on peut aisément trouver certains morceaux qui* (leur) *permettront d'agrémenter une lingerie*[10]". Son auteur, Paul Louis de Giafferri, y a soin de leur rappeler aussi la vertu apaisante et distrayante de ces exercices de patience que sont les ouvrages pour dames : "*Quand une femme a des soucis ou des tracas, rien de tel comme de prendre son ouvrage familier et de se confectionner de petites choses pimpantes. Le travail est le meilleur dérivatif aux chagrins*[11]."

Mais l'époque n'est plus à la patience. La garçonne n'est pas fille à trousseau. Elle veut consommer tout de suite, sensible aux images brillantes,

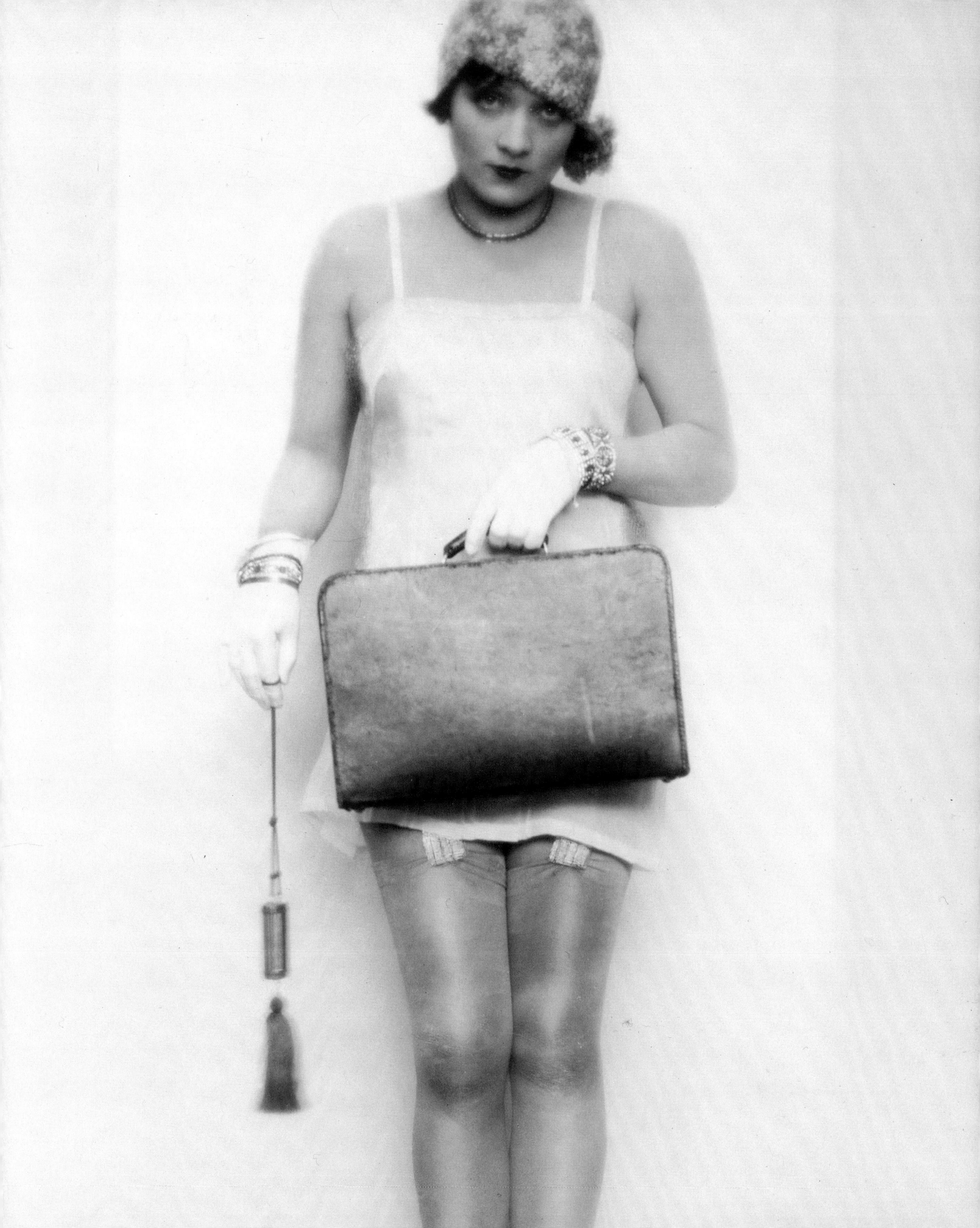

Ci-contre :
Bibi en *combinaison-culotte*,
à Chamonix, en 1920.

luxueuses et magnétiques de la femme, *vamp* fatale ou coquette courtisée, garçonne délurée ou *bathing beauty*, que lui renvoie le cinéma. Tout y incite : la production mécanique en série, les grands magasins, les catalogues, la variété des prix. En 1924, le *Bon Marché* propose des *combinaisons-jupons* en crépon de coton à 9,75 francs, en finette blanche à 18,50, en jersey pure laine à 31 francs, en crêpe de Chine à 49 et, fin du fin, en crêpe de Chine "*garnie jours et dentelle, teintes bleu, rose, noir*" à 79 francs. On est entré, dira Louis-Ferdinand Céline, dans "*la nouvelle époque de la lingerie fine et démocratique*[12]". Dans les journaux de mode, les pages consacrées à la confection de pièces de lingerie et aux travaux d'aiguille, qui occupaient autrefois une large place, tendent à se réduire, peu à peu remplacées par des conseils d'achat, des recommandations d'entretien et de la réclame. Ainsi la culture du trousseau poursuit-elle son long déclin, victime d'une forme d'acculturation, d'une perte de savoir-faire personnel, d'une dégradation de la transmission, au profit d'une standardisation industrielle et commerciale, mais aussi victime du désintérêt des femmes elles-mêmes pour une forme de ritualisation de leur destin biologique et de leur féminité à laquelle elles se sentent plus étrangères qu'auparavant[13].

CHAIR DE BRUNE, CHAIR DE BLONDE

madame,
une paire
de bas de soie
n'est pas
un saut dans le vide

ANDRÉ BRETON, *Manifeste du surréalisme*, 1924.

La couleur et la soie sont les deux conquêtes spectaculaires de cette lingerie *fine et démocratique*. L'une en se démarquant du blanc, l'autre du lin – blanc et lin tous deux originels –, la couleur et la soie gardent quelque chose de leur symbolisme passé : luxe et luxure. Parce qu'elle banalise des plaisirs autrefois réservés à l'argent et réprouvés par la morale, leur démocratisation est à l'image des Années folles. Et elle a ses détracteurs : l'auteur de *La Lingerie pour tous* sermonne celles qui croient pouvoir porter des combinaisons "*de couleur voyante*" sous prétexte que "*cela importe peu (...) parce qu'elles sont dissimulées*[14]". Outre les couleurs voyantes, orange, rouge, noir (qu'il faut rafraîchir avec des "*boules de teintures ménagères qu'on trouve dans le commerce*[15]"), sont également en vogue les pastels nuancés et tendres, rose, chair, crème, ivoire, pêche, infiniment plus fréquents dans les catalogues et peu à peu reconnus comme une alternative décente au blanc virginal de règle dans le trousseau traditionnel. Le linge de couleur ne parviendra ainsi dans le sud-ouest de la France qu'au milieu des années trente et sous la forme de timides chemises de nuit bleues ou rose pâle, brodées pudiquement ton sur ton[16].

La douceur de la soie a, elle aussi, le parfum du luxe et de la luxure. "*Coucher avec de la soie, j'aimerais bien, mais ce n'est pas mon genre, c'est pour les femmes qui se font voir au lit*", disait au début du siècle la veuve B..., quarante-cinq ans, à Gaëtan Gatian de Clérambault[17]. Dans les années vingt, posséder, dans un trousseau généralement en linon, une parure ou ne serait-ce qu'une combinaison de soie n'est plus tout à fait un privilège ni une damnation. *Mon Trousseau* le rappelle à ses lectrices, "*sur le coton, la robe ne glisse pas, la combinaison se roule et forme sous les vêtements des plis disgracieux*". Avec la soie, rien de tout cela[18]. En fait de soie, les étoffes les plus utilisées sont "*le crêpe de Chine, le voile triple, le crêpe-satin, le pongé, le crêpe Georgette*" et, plus encore, la "*toile de soie*"[19]. Mais l'événement textile de la période, c'est la *soie artificielle* : la *rayon* américaine en particulier, d'où en français *rayonne*, bien nommée par ses inventeurs en 1924. Ces soies bon marché, qui illuminent le corps féminin comme sur les écrans argentés du cinéma américain et rendent l'illusion du luxe accessible à toutes, ces soies artificielles entrent alors dans leur maturité industrielle. Leur brillance gantera des millions de jambes de femmes, au grand dam des désenchantés de la féminité moderne pour qui, comme Léon-Paul Fargue, "*le développement de l'égalité sexuelle par les vagues de sport, la mise à nu des femmes dans les music-halls, la vulgarisation de la poudre de riz, des massages et du bas de soie ont tué le mystère indispensable à la primauté féminine et à l'éclat du parisianisme*[20]".

Ci-dessous : Modèles de *chemises-pantalons*, de *chemises-culottes* et autres *pantalons-jupons* proposés, avec des explications de coupes, aux lectrices de *La Lingerie chez soi*, vers 1927.
Pages de droite et précédentes : Lingerie des années vingt. Si on ne porte pas de corset, on peut en revanche porter une gaine ou, plus courte, une *ceinture* en *tricot caoutchouté* ou *élastique*. En 1922, Warner lance ainsi, pour cette silhouette tubulaire, sa gaine Wraparound.

Depuis le scandale provoqué aux courses de Longchamp en 1908 par trois mannequins de Poiret en "*robe hellénique*", dévoilant à chaque pas leurs chevilles et mollets gainés de bas[21], robes et jupes n'ont cessé de raccourcir. En 1925, l'ourlet atteint le genou ; en 1926, il est à son pic, à 40 centimètres du sol, d'où il va désormais redescendre. "*Vallée des soupirs pour bien de pauvres créatures*" que ce dévoilement des jambes, commente la romancière à succès Lucie Delarue-Mardrus dans son livre de conseils esthétiques *Embellissez-vous !* : chevilles lourdes ("*infortune*" désormais "*terrible*"), chevilles épaisses ("*mal sans remède*"), varices ("*monstre tapi sous les bas*") ou encore jambes arquées en "*manches de veste*" ("*vice de forme*" dont une sévère "*méthode de redressement*" promet de débarrasser seules celles qui persévéreront)[22].

Pour habiller ces jambes exposées aux regards, le commerce de la bonneterie, comme la maison Marny, 33, rue Tronchet à Paris, propose en 1925 bas de laine, bas de fil et bas de soie. Les premiers, "*pour le ski, le golf, le patinage, l'auto, la chasse, pour le tennis et la côte d'Azur*", sont idéals

en “*sous-bas*” pour le froid et “*les vilains temps*” : le sous-bas en angora couleur chair, notamment, fait merveille, “*invisible quelle que soit la finesse de la maille du bas de soie que l'on porte par-dessus*”. Le bas de fil d'Écosse mercerisé est “*excellent pour trotter*” et le bas de voile en fil sec retors, “*supertransparent*”, donne, lui, “*parfaitement l'impression d'un bas de soie*”. Ce bas-là est le prince du catalogue : bas du matin “*en pure soie des Cévennes entièrement diminuée avec couture soignée et baguette à jours*”, dans des nuances à la mode – “*blond cendré, sable doré, Kasha, brun nouveau, écureuil, gravier, chair, gris tourterelle, gris foncé, gris argent, blanc et noir*” – ; bas du soir, à la maille serrée et transparente, “*très pratique pour la danse*”, aux nuances accrochant la lumière – “*diamants à reflets parme, écaille rosée*” – ou simulant la carnation – “*chair de brune*” et “*chair de blonde*”[23].

Ci-dessus :
Modèles de lingerie fine de Madeleine Vionnet, 1926.
Page de gauche :
Bas et jarretières, 1927.
Pages précédentes :
Quatre modèles de lingerie de la maison Neyret, 1928.

“*Les bas roses sont de la nudité à peine voilée*”, déplore Lucie Delarue-Mardrus qui s'emploie à rappeler à ses “*sœurs*” des années vingt tentées par le modèle de la garçonne que “*le mystère est nécessaire au féminin*”[24]. De ces jupes raccourcies, de ces jambes de femmes gainées de soie *chair*, à la lisière de la soie et de la chair, naîtront pourtant de nouvelles coquetteries et dérobades, de nouvelles images érotiques et pornographiques, bref un nouveau théâtre du mystère, comme chaque fois que se modifient les frontières du visible et du caché. Élégantes *art déco* assises jambes croisées, dont on aperçoit les coquines jarretelles dans les dessins satiriques de l'époque ; “*vicelardes*” qui montrent les leurs au narrateur de *Mort à crédit*, de Céline, “*le pied en l'air exprès sur un escabeau pour qu'on vise la motte*[25]” ; ou, plus magique, contemplé par André Breton au musée Grévin, l'“*adorable leurre*” de “*cette femme feignant de se dérober dans l'ombre pour attacher sa jarretelle et qui, dans sa pose immuable*, écrit-il dans *Nadja*, *est la seule statue que je sache à avoir des yeux : ceux mêmes de la provocation*[26]”.

Au magasin des accessoires de ce petit théâtre, à côté des jarretelles, figurent les jarretières, sur lesquelles les femmes roulent leurs bas à mi-cuisses pour les maintenir hauts et tendus. Les premières étant en effet toujours fixées au corset ou à la gaine, et les *porte-jarretelles* encore peu répandus, les jarretières de la Belle Époque bénéficieront dans les années vingt de la simplification des sous-vêtements féminins et connaîtront une embellie, avec sa traîne d'images et de fantasmes. “*Je ne lui laissai que les bas parce qu'à mon avis c'est plus joli. D'ailleurs, sur les journaux, les femmes déshabillées ont toutes des bas*, dit en 1924 le héros de *Mes amis*, le roman d'Emmanuel Bove déjà évoqué. *Ses cuisses débordaient au-dessus des jarretières*[27].” En 1929, dans *La Petite Infante de Castille*, Henri de Montherlant note, quant à lui : “*J'aime voir, en rose, sur leurs jambes nues, la marque laissée par leurs jarretières*[28].”

PÉNÉLOPE ANNÉES TRENTE : LA NOSTALGIE DE LA FÉMINITÉ

Elles ne savent plus ce qu'il convient qu'elles montrent, et ce qu'il convient qu'elles cachent. (...) Elles disent, elles lisent qu'il faut redevenir grasses, elles laissent le couturier souligner la poitrine, mais dès que leur balance dénote une augmentation de poids de 500 grammes, elles jeûnent éperdument !

EMMANUEL BERL, "La Mode 1932", *Les Nouvelles littéraires*, 16 avril 1932.

Nous perdions de gros morceaux de foule devant chacun d'eux. J'en ai choisi un moi de cinéma où il y avait des femmes sur les photos en combinaison et quelles cuisses ! Messieurs !

LOUIS-FERDINAND CÉLINE, *Voyage au bout de la nuit*, 1932.

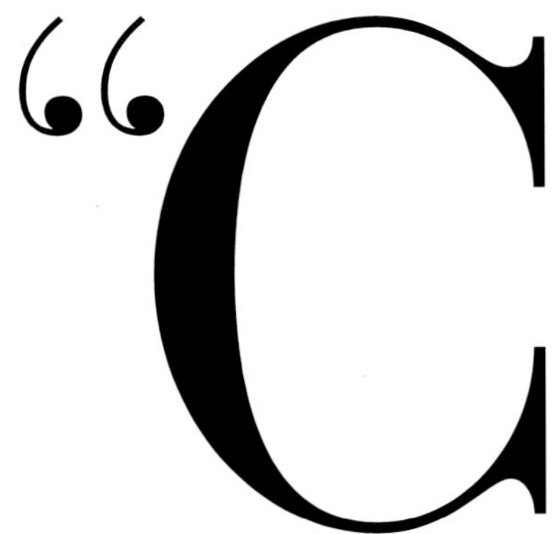*a marche. Toutes les femmes s'agitent sur leurs chaises en tirant sur leurs jupes courtes. Déjà, elles se sentent démodées*[1]." En 1929, chez Jean Patou, on exulte : les robes rallongées, clou de la dernière collection du couturier, viennent de passer la rampe. Une page serait tournée, celle de la jupe courte et, avec elle, celle de la garçonne. Comme le rêve, la mode aime condenser ses lents déplacements dans des événements fulgurants, sortes de raccourcis fondateurs, de coups de théâtre qui inaugurent une nouvelle ère. Le bulletin de victoire de Patou en est un exemple savoureux. En réalité, il ne fait que confirmer, et cristalliser à travers le filtre d'une maison de couture, une évolution sensible depuis 1926, marquée par le déclin, en effet, de la femme *engarçonnée* et l'avènement d'une nouvelle féminité, décrit comme un *retour* aux formes naturelles de la femme. Les robes du soir sont les premières à en dessiner les contours, suivies bientôt par celles du jour : robes dont l'ourlet descend (devant sous le genou, derrière plus bas encore), robes dont la taille remonte pour retrouver sa place ("*la taille à la taille*[2]"), robes enfin qui épousent le corps féminin comme les robes de la garçonne en avaient divorcé.

Ce retour à une mouture traditionnelle de la femme se fera sous les auspices de deux courants qui traversent la culture d'élite comme la culture de masse des années trente : l'invocation du classicisme gréco-romain et la nostalgie du romantisme. Le goût de la décennie pour l'Antiquité grecque, voire romaine et égyptienne, on le trouve aussi bien dans la pompe – colonnes, frontons, degrés – de l'architecture monumentale fasciste que dans la féerie subtile, la légèreté étincelante et grave des pièces mythologiques

de Jean Giraudoux – *Amphytrion 38* en 1929, *La guerre de Troie n'aura pas lieu* en 1935, *Électre* en 1937. Mais on le trouve aussi dans l'Égypte pharaonique, sublimée par la machine à spectacles hollywoodienne, du *Cléopâtre* de Cecil B. DeMille, en 1934, où Claudette Colbert dessine son corps lamé de *Serpent on the Nile* sur les "*écrans d'argent*" de ces vastes palais du rêve et "*dômes du plaisir*" que sont désormais les cinémas[3]. Dans le monde de la haute couture, le remodelage de la plastique féminine selon les canons néoclassiques trouvera son point de perfection dans le *drapé fixé* des majestueuses et fluides robes d'Alix en jersey de soie, inspirées du *peplos* attique (Alix, future madame Grès et qui dessine les costumes de *La guerre de Troie n'aura pas lieu*), ou dans les robes du soir de Madeleine Vionnet, moulant le corps par la magie de la coupe en biais, dans une sorte d'hommage du tissu vivant aux courbes naturelles des femmes. Dans ce retour du galbe après le règne de "*la silhouette anglo-saxonne*", la revue *Le Corset de France et la lingerie* verra même, en 1929, dans un langage coutumier de l'extrême droite xénophobe d'alors, une "*revanche*" offerte par les couturiers parisiens à "*la femme de race latine aux reins cambrés*[4]".

Ci-dessous : Gaines de la maison Charmis, 1935. À droite, pour l'été et le sport, "*gaine-culotte une seule pièce en tulle élastique très ferme et très souple, gorge tulle indéformable, se portant sans bas. Sur mesure… 400 francs*". À gauche, pour la ville et pour le soir, "*gaine-combinaison très souple, tissu spécial adhérant comme une seconde peau, décolletée au-dessous de la taille, gorge en dentelle invisible. Sur mesure, à partir de… 500 francs*".
Page de droite : Le salon d'essayage, 1933.
Trois pages précédentes : Modèles de soutiens-gorge, de madame Denise Ferreiro, 21, rue Washington, Paris. Le dernier s'attache bas pour être porté sous les robes du soir à dos décolleté alors en vogue, 1935.

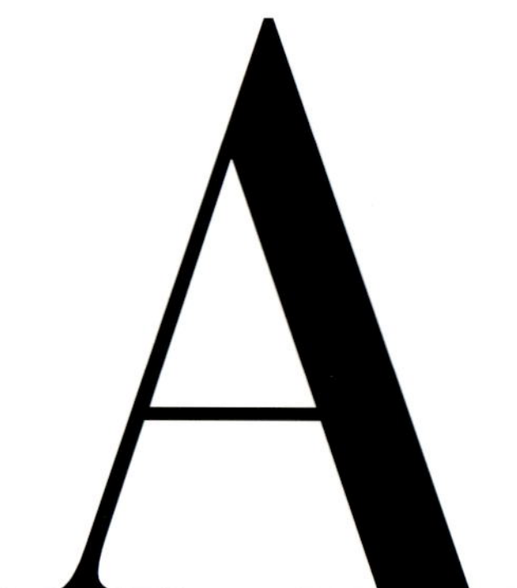

ux antipodes de la géométrie anguleuse des modes dites *cubistes*, l'inspiration romantique fleurit dans la seconde moitié des années trente, mais ses ruchés et ses volants, ses bouquets et ses broderies, ses tulles et ses dentelles, accompagnent la nouvelle silhouette dès ses premières apparitions, comme de discrètes demoiselles d'honneur. Dans un Occident en proie à la dépression économique et au durcissement des affrontements politiques et idéologiques, cette vague de falbalas invente une féminité *romantique* au sens le moins historique et le plus romanesque du mot : une féminité sentimentale de jeunes filles fleur bleue, bercées de valses viennoises et de littérature à l'eau de rose, de la prose de Delly à la poésie de Paul Géraldy, mais aussi, de façon plus complexe, une féminité ardente de jeunes filles idéalistes à la manière de Scarlett O'Hara, l'héroïne d'*Autant en emporte le vent* (le roman est un succès dès sa parution en 1936), à laquelle Vivien Leigh, en 1939, prête ses traits et sa taille de guêpe à l'écran. Si, aux États-Unis, la guerre de Sécession est la période de prédilection de cette nostalgie, en France c'est la Belle Époque (les *gay nineties* des Britanniques) qui joue ce rôle : époque parée rétrospectivement de tous les charmes du paradis perdu, temps de la frivolité heureuse, de l'innocence coquine, du sentimentalisme naïf de ces cartes postales 1900 qu'on se met alors à collectionner.

Corseterie et lingerie sont les servantes fidèles de cette femme d'abord longiligne et ondulante, puis plus galbée et serpentine, née de cette renaissance de la féminité. Elles retrouvent leur vocation perdue à servir de fondations de la robe. Avant la visite au couturier, les élégantes reprennent le chemin de la corsetière : "*Pas de chic réel, même avec une robe d'un maître de la couture, si votre ligne n'est pas préparée*", leur rappelle en 1937 une réclame de Charmis, maison de la place de la Madeleine. Cette reconquête des courbes se fera sans le corset d'antan. À la fois cause et conséquence de

sa disparition, une nouvelle dynamique des corps et de leur enveloppe est née. Elle aboutira dans les années soixante à la métaphore épidermique de la *seconde peau*. Dans les années trente, la *coupe en biais* est sa première grande formulation technique. Cette technique était utilisée dans la confection des cols, des manches, des godets ou des bords, notamment en lingerie. C'est Madeleine Vionnet qui, dès les années dix, la sort de ce modeste cantonnement et la fait entrer dans l'art de la robe. Convaincue que la couturière n'est pas l'orthopédiste, mais "*le médecin de la ligne*", elle impose à ses clientes "*le respect de leur corps, la pratique de l'exercice, d'une hygiène rigoureuse qui les débarrassent à jamais des armures artificielles qui les déforment*[5]". Dans l'atmosphère esthétique néoclassique des années trente et sous les doigts de Madeleine Vionnet, le biais conquiert ses lettres de noblesse. Dotée d'une souplesse, d'une élasticité que la coupe dans le *droit-fil* lui refuse, l'étoffe épouse les ondulations de la silhouette, flatte les pleins et les déliés du corps, et la robe, par la vertu quasi hélicoïdale du biais, se prend à rêver qu'elle est sa propre fondation.

Ci-dessus : Combinaisons courtes, vers 1930.
Page de droite : Modèle de la maison Neyret, 1928-1929. Dès la fin des années vingt, écrins invisibles ou privés de la nouvelle féminité, combinaisons et chemises de nuit adoptent la ligne *princesse*.

Dans les coulisses, le biais est largement mis à contribution. Dès la fin des années vingt, à l'instar de madame Jenny, patronne de la maison du même nom, on veut des gaines et des ceintures "*qui prennent bien le corps, le moulent, le stylisent en quelque sorte*[6]". Le recours au biais s'impose. En 1937, Charmis fait valoir pour sa réclame la "*coupe en biais très amincissante*" de Favorite, sa luxueuse "*ceinture pour ville en fine batiste, élastique tissé main*" (400 francs sur mesure). La plupart des gaines sont en fait mixtes : en biais pour les lés des côtés, en droit-fil pour le lé de devant et celui du dos. Le *plein biais*, plus rare, est l'apanage de la femme parfaite.

Outre la coupe en biais, hantée par le rêve d'une robe sans dessous pour une femme sans défaut, une autre révolution technique participe de ce culte de la hanche qui donne sa silhouette aux années trente : la révolution du latex et du fil élastique. Elle permettra la mise au point d'un tissu élastifié et dans sa chaîne et dans sa trame, donc extensible et gainant en long comme en large. La primeur en revient, semble-t-il, à la firme américaine Warner en 1931. Son fil s'appelle le Lastex, son tissu le Youthlastic et sa gaine LeGant, auréolée ainsi de la référence à l'élégance française, toujours tenue comme le *nec plus ultra* au royaume de la lingerie. La nouvelle gaine est adoptée par une génération de jeunes femmes qui n'ont jamais connu le lourd corset baleiné et sont censées être adeptes de la culture physique. Comme leur souple et blonde sosie de la réclame de l'époque, taille et hanches ainsi gantées, elles pourront réaliser l'exploit, hier inimaginable, d'atteindre du bout de leurs doigts le bout de leurs pieds sans plier les jambes, et ce, en talons, bas, porte-jarretelles et soutien-gorge[7].

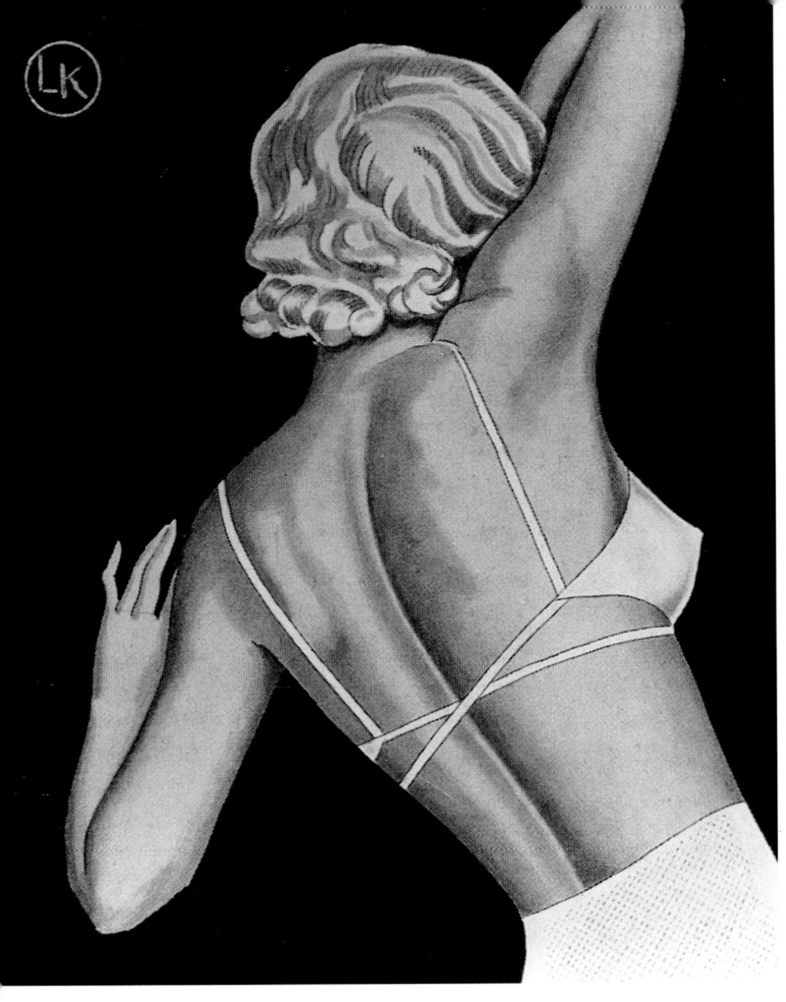

Ci-dessus : Soutien-gorge à fines bretelles, ou *épaulettes*, 1939.
Page de droite : Catalogue du *Bon Marché*, 1939. La lingerie de couleur se démocratise. *"Elle portait une combinaison mauve avec de grandes bandes de dentelles ocrées qui lui coupaient la poitrine et les jambes. Cette femme n'a aucun goût, se dit Philippe, qui n'aimait chez les femmes qu'une lingerie pure ou les artifices extravagants des grues de la Madeleine et de l'Opéra."* Paul Nizan, *La Conspiration*, 1938.
Pages précédentes : À gauche, le combiné moderne à élastiques, années trente. La plupart des gaines ont désormais des fermetures à glissière. À droite, bas, fin des années trente.

Gaines, ceintures, ceintures-corsets, corselets : à travers les nuances de vocables, les détails de formes, les différences de matières, les étuis élastiques qui succèdent à la génération du tricot caoutchouté recherchent tous ce même enchantement du corps ganté. Élastiques, ils n'en restent pas moins caoutchouc et le résultat est loin de tenir la promesse des mots. En 1933, Marlène Dietrich, qui a adopté sans conviction le porte-jarretelles, vient de prendre un peu de poids et, pour y remédier, commande par douzaine des gaines couleur chair du dernier modèle. L'expérience durera deux petites semaines. *"Ma mère, qui détestait déjà son porte-jarretelles, prit aussitôt en horreur cet engin caoutchouteux, et en particulier la ligne qu'il dessinait sous ses jupes très ajustées,* raconte sa fille Maria Riva. *Le porte-jarretelles permettait au moins d'avoir une ligne nette des cuisses à l'entrejambe quand on bougeait, au lieu de cette horrible ligne transversale à mi-cuisse. "On dirait que j'ai des jambes courtes et de vieilles fesses toutes plates", disait-elle*[8]*."*

La femme élégante possède au moins trois variétés de gaine : pour les courses, pour le sport, pour les robes habillées et du soir. Si elle est mince, si son enveloppe est taillée sur mesure, peut-être échappera-t-elle à l'autre disgrâce quasi consubstantielle à la gaine et tracas du narcissisme féminin du temps : le bourrelet. Le bourrelet, *"parfois très gros, qui remonte au-dessus du ventre et des hanches et même dans le dos sous les omoplates"*, passait inaperçu sous les robes-chemises des années vingt. Il devient *"intolérable avec les robes ajustées"* des années trente[9]. Pour le combattre, la corsetière ménage des goussets dans la gaine ou, plus radicalement, suggère à sa cliente insatisfaite de passer à la *combinaison-gaine*, au *combiné*, qui, en fondant en une seule pièce gaine et soutien-gorge, aurait la vertu de faire fondre aussi l'indésirable supplément[10].

Dans ce climat de restauration des galbes naturels, le soutien-gorge s'affirme. Il cesse d'être le bandeau qu'il était encore souvent dans les années vingt, conquiert sa forme moderne et se structure autour de deux bonnets – corbeilles, coupes, bols, nacelles, autant de variations de construction et d'appellation pour une seule et même mission : séparer les seins pour mieux les maintenir. Avec ses soutiens-gorge à structure triangulaire, Kestos, marque américaine née au début des années trente, incarne cette première génération. Autre petite révolution, née du souci de classer les anatomies afin de standardiser la production, le système des tailles se généralise. En 1928, au terme d'une étude anthropométrique pionnière réalisée auprès de cinq mille femmes, la compagnie australienne Berlei définit cinq types de bustes[11]. En 1935, Warner lance, de son côté, le premier abécédaire des poitrines féminines : de la taille A à la taille D, de la plus modeste (*Small Bust*) à la plus imposante (*Very Heavy Bust*)[12].

Lingerie de couleur

LS. 44870.

RURE nansouk rose, , citron, rehaussée d'une lerie sur tulle ton assorti.

hemise de r ou la culotte. **8.50**

combinai- -jupon ... **13.50**

hemise nuit **19.50**

LS. 44853.

CHEMISIER en picotine rose, citron ou parme, orné liséré blanc, blanc orné liséré rouge.

16.50

LS. 44875.

Occasion. PARURE crêpe de Chine artificiel rose, ciel, blanc, ornée d'une dentelle bourdonnée.

La **chemise de jour** ou la **culotte**. **10.**

La **combinaison-jupon** .... **15.**

La **chemise de nuit**. .... **20.**

LS. 44866.

Sensationnel. Cette **PARURE**, entièrement faite à la main, est ornée de jolis motifs de jours grilles exécutés sur une toile de **soie naturelle** rose, ciel ou blanche.

La **chemise de jour** ou la **culotte**. **29.**

La **combinaison-jupon** .... **39.**

LS. 44814.

Cette **PARURE** est en nansouk rose, ciel, citron, de belle qualité. Les bordés et les pois main sont de teinte nattier et en font une opposition agréable.

La chemise de jour ou la culotte. **15.**

En **taille exceptionnelle** **17.**

La **chemise de nuit** ... **29.**

En **taille exceptionnelle** **33.**

La **combinaison-jupon.** **20.**

LS. 44851.

CHEMISIER en p cale filetée rose citron, col et pa ments blancs, poche brodée.

12.75

Taille exceptionne

15.75

Ci-contre :
Marlène Dietrich
dans *Femme ou démon*,
de Georges Marshall, 1939.
Elle y interprète
le rôle de Frenchy, beauté de *saloon*.

Marlène Dietrich et ses soutiens-gorge

"Dietrich, jeune ou vieille, a toujours eu des seins épouvantables. Tombants, affaissés, une catastrophe. Les soutiens-gorge et finalement sa "*gaine*" secrète étaient les accessoires les plus importants de sa vie comme de la nôtre (car elle attendait des membres de son cercle intime qu'ils endurent son infirmité avec elle).

Dietrich se procurait tous les modèles de soutiens-gorge possibles et imaginables. Quand elle pensait avoir enfin trouvé la perle, elle en commandait plusieurs douzaines, qui finissaient invariablement dans des cartons lorsqu'il s'avérait qu'ils ne faisaient pas l'affaire. Notre premier souci en arrivant dans une ville ou un pays étranger, c'était la tournée des boutiques de lingerie. Peut-être cette fois trouverions-nous enfin la coupe magique capable de transformer ces seins tellement "*laids*", selon elle, en une poitrine effrontément jeune et dressée au garde-à-vous, comme celle qu'elle convoitait si ardemment. Chaque essayage tournait au marathon. Chaque chemisier, robe ou pull avait son soutien-gorge attitré ; ceux-ci étaient tout sauf interchangeables, et nous suivaient partout, dans leurs enveloppes marquées "*pour essayages*". Pour certaines robes très décolletées, quand rien ne suffisait à redresser la situation, elle utilisait de larges bandes de ruban adhésif pour tirer et comprimer la chair de manière à obtenir la forme parfaite de ses rêves."

Maria Riva,
Marlène Dietrich par sa fille, 1993.

Ci-contre :
Betty Boop et sa jarretière entament leur carrière dans le dessin animé en 1930, alors que l'Amérique puritaine dote le cinéma hollywoodien d'un code de moralité. Le code Hayes interdit de montrer à l'écran une femme en train d'enlever ses bas, ou un homme les bas d'une femme.
Page de gauche :
Arletty et Marcel Dalio dans *Tempêtes*, de Bernard Deschamps, 1939.

Cette mutation du soutien-gorge est un bel exemple de convergence de la mode, du goût, de la technique, du vocabulaire, de la culture corporelle et des tensions érotiques d'une époque. Pièce de corseterie à part entière, le soutien-gorge est désormais l'hôtel, sinon l'autel, de la poitrine. À ce titre, il est prêt à entrer dans la liturgie sensuelle des dessous féminins. Presque absent des réclames comme de l'imagerie pornographique des Années folles, il est présent dans la publicité des années trente, avant tout vanté pour son aptitude à donner au sein maintien et tenue. Peu à peu, son image s'érotisera. Après la guerre, dans les années cinquante surtout, il connaît un premier âge d'or et devient un objet de fixation fétichiste.

LES TRAVAUX D'AIGUILLE DE L'ÉTERNEL FÉMININ

En haut, elle se déshabillait lentement, tandis qu'il la surveillait, la lampe au poing. Elle était prête, enfin, en chemise de nuit, et plus consciente encore d'être faible, ainsi nue sous une mince étoffe...

MAXENCE VAN DER MEERSCH, *L'Empreinte de Dieu*, 1936.

À côté de la gaine et du soutien-gorge, nouvelles places fortes de la corseterie, la combinaison de jour et la chemise de nuit sont les deux marraines de la nouvelle féminité. Avec les années trente disparaît la famille des chemises-pantalons et des combinaisons-culottes qui flottaient autour du corps impudique de la garçonne. On leur préfère, selon *La Belle Lingerie* à l'été 1935, soit "*des petites chemises*" et des culottes séparées, soit "*des combinaisons retombant sur les petites culottes*" ou sur le *slip*. Empruntés aux *girls* des music-halls des années vingt, les *slips* sont encore jugés en 1929 comme "*la chose la plus anti-esthétique et la plus ridicule que l'on puisse voir sur un corps humain*[13]", mais en 1938, ils sont devenus "*indispensables*[14]".

Lointaine parente du cache-corset et du jupon devenus entre-temps combinaison-jupon, la combinaison moderne, d'un seul tenant, n'a plus de combinaison que le nom : unique et fidèle seconde de la robe, elle coule des épaules le long du buste, glisse pudiquement sur l'arche des cuisses. Ordinaire en coton, c'est en crêpe satin, crêpe de Chine, crêpe opaque, crêpe mousseline, satin-georgette, satin "Éclatante" et maintes autres matières lavables, qu'elle acquiert sa sophistication. En 1938, la voilà "*robe de dessous*", évidemment invisible, sous une robe, ne moulant que le buste, dans un taffetas "*dont le doux froufroutement évoque de nouveaux sons de valses délicieux*"[15], écho fugace, dans l'aire intime de la robe, des grandes romances viennoises de l'industrie hollywoodienne alors à la mode. Car, avec l'arrivée du cinéma parlant, la robe elle aussi a cessé d'être muette à l'écran.

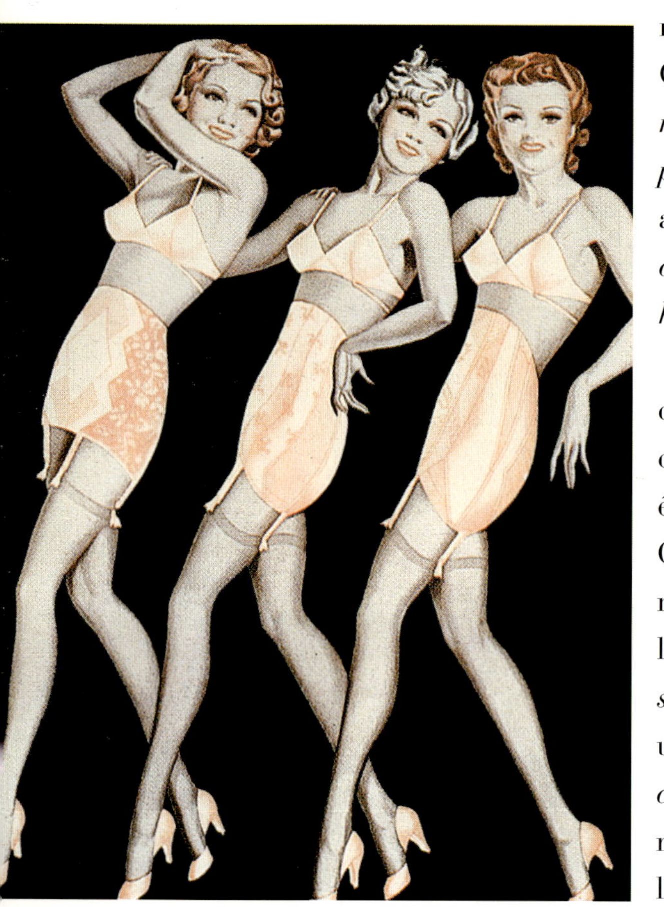

Ci-dessous : Gaines et soutiens-gorge Kestos, 1939. "*Poitrines trop fortes, poitrines trop plates ou poitrines trop basses*" : effet du renouveau du buste dans les années trente, *Marie Claire* du 3 février 1939 consacre six pages au "*problème de la poitrine*" et présente la variété des soutiens-gorge proposés par les corsetiers. **Page de droite :** Jeune femme peut-être en sous-vêtements de coton Petit Bateau "*pour Dames*", "*souples, élégants et pratiques*" (*Modes et Travaux*, 15 avril 1939). Années trente.

Ci-contre : À gauche et à droite, chemises de nuit et, au centre, peignoir ou *matinée* de luxe, tous trois de Cadolle, au début des années quarante. Au fil des années trente, notamment sous l'influence d'un cinéma hollywoodien qui pare ses vedettes de déshabillés luxueux mais pudiques plutôt que de s'exposer à la censure, les vêtements de nuit se sophistiquent, au point qu'on parle de *robe de nuit* pour une chemise de nuit. Sophistication au détriment du pyjama. "*À moins que ce ne soit en voyage, le déshabillé fait une grande concurrence au pyjama*, lit-on dans *La Belle Lingerie* en 1935. *On aime à nouveau le tombant de la silhouette, la ligne bien féminine, cette fois aussi dérivée de la mode du soir.*"

Pages précédentes : À gauche, dans le climat de censure instauré par le code Hayes et dans une Amérique frappée par la dépression économique, Mae West triomphe avec ses robes qu'elle ne porte jamais sans corset et son buste explosif. "*Tu leur donnes le bas, moi je leur donne le haut*", répondit un jour Mae West à Marlène Dietrich qui se plaignait de ce que les producteurs (et le public avec eux) réclament toujours ses "*jambes*". (Maria Riva, *Marlene Dietrich par sa fille*, 1993.) Ici, Mae West, au théâtre, dans *Diamond Lil*, en 1928. À droite, déshabillé vaporeux, *Harper's Bazaar*, 1937.

Bruissements, crissements, frou-frous l'accompagnent désormais, chuchotant ses secrets, formant une traîne sonore, sensuelle partition que les couturiers des studios de Hollywood composent sciemment en choisissant telle étoffe plutôt que telle autre et en imposant des micros capables d'en capter et en amplifier le murmure.

L'embellie de la chemise de nuit et, avec elle, celle des déshabillés, voire, dans les trousseaux les plus luxueux, celle de la liseuse, de la capette, du capelet, du boléro, de la petite veste de nuit, cette embellie relève de la même reprivatisation sentimentale de l'intime. *"Les hommes sont fatigués de la liberté sexuelle, les femmes encore plus*[16]", écrit Emmanuel Berl en 1932. Après les *partouzes* des années vingt, l'époque fuit l'amour blasé et, comme dans la chanson qui la berce alors, rêve qu'on lui redise "*des choses tendres*". Elle aspire à de nouveaux mystères, à de nouvelles naïvetés, à une nouvelle pudeur dont les frémissements de la mode autour de la chemise de nuit sont les minuscules stigmates.

Ci-dessus : Publicité pour la gaine Flexees, *Harper's Bazaar*, 1939. **Page de droite :** Junie Astor en combinaison, dans les années trente.

Comme les combinaisons, les chemises de nuit adoptent la ligne *princesse* en vogue à la fin des années vingt. Elles mettent autant d'ardeur que la robe du soir à se parer (étoffes soyeuses, frais coloris, jolies dentelles) au point d'en devenir à leur tour dès 1929 de "*véritables petites robes, élégantes même*[17]". "*Les chemises de nuit se sont presque émancipées de l'idée de dessous. Elles sont choses à part*", enchérit *La Belle Lingerie* à l'été 1935[18]. Durant l'hiver 1938, la revue se demande même, plus généralement, s'il faut encore appeler "*linge de jour*" les dessous de la saison, tant ils offrent de délicieux détails de garnitures, "*feuilles et fleurs, libellules, oiseaux et papillons en tulle et dentelle, taffetas ou satin, soit incrustés, soit appliqués*".

Renaissance du beau linge, résurrection de la dentelle : plus la décennie avance, plus la mode brode, et la presse glose, autour de cette serre privée que les femmes cultiveraient comme le jardin secret de leur féminité retrouvée. Dans "*les bouillonés plats, les fils tirés, les fins nids d'abeilles repincés, les motifs reliéfés, les incrustations vaporeuses de dentelles et de tulles*[19]", elles voient le renouveau du minutieux travail à la main, signe que Pénélope serait de retour. Leur éloge de l'ouvrage à l'aiguille annonce la célébration de "*l'éternel féminin*" sous l'Occupation, quand le maréchal Pétain, au nom de "*l'esprit de sacrifice*" contre "*l'esprit de jouissance*" incarné par les années vingt, tentera de ramener la femme française à son foyer et à la douceur du labeur domestique[20].

1947-1957 : ANNÉES FROIDES, DESSOUS CHAUDS

Les mannequins n'étaient que six. (…) Un jour l'un d'eux, une ravissante et blonde Anglaise, se trouva mal et tomba dans mes bras. Je croyais la retenir solidement, mais elle continua de glisser vers le sol en laissant entre mes mains… sa poitrine ! J'avais oublié que, voulant mettre cet avantage féminin en valeur, j'avais prescrit à celles que la nature avait peu favorisées à cet égard de se faire fabriquer ce que nous appelions pudiquement une "gorge" postiche.

CHRISTIAN DIOR, *Christian Dior et moi*, 1956.

Choupette avait remis son soutien-gorge, sans nul doute pour le plaisir d'un nouveau déshabillage.
– Graine de putain, songea Bernard, toutes pareilles !

RENÉ FALLET, *Banlieue sud-est*, 1947.

Une jolie Parisienne traversant la place de l'Opéra à vélo, en socquettes et chaussures à semelles de bois, une coquette se passant les jambes au brou de noix ou à l'une de ces teintures brunes qui, telle la lotion Filpas, donnent l'illusion du bas de soie : les images charmantes de la seconde guerre mondiale et de l'Occupation vues sous l'angle de la mode ne manquent pas[1]. Elles illustrent avec légèreté les difficultés d'une vie quotidienne gouvernée par la pénurie et le rationnement, mais aussi le sens de la récupération, la débrouillardise et l'ingéniosité de l'aiguille et du ciseau dont fait preuve l'époque[2].

Comme la grande garde-robe (celle des vêtements de dessus), la petite (celle des tenues de dessous) doit s'accommoder. Avec la raréfaction des matières, qu'on ne la voit pas fait qu'elle passe après, et la guerre impose de nouvelles habitudes : à vélo, l'élégante en *jupe-culotte* ne porte plus de combinaison et, dans son appartement glacial, faute de charbon, elle délaisse ses *tea-gowns* et déshabillés de dentelle ou de mousseline d'avant-guerre pour de plus chaudes et confortables enveloppes[3].

La pénurie persistant après la Libération, les tickets de rationnement perdureront, pour certains, jusqu'à la fin des années quarante. Avec les privations perdurent aussi les réflexes d'économie, astuces d'entretien et trucs de recyclage qui, au-delà de la guerre, appartiennent à l'immense fonds de savoirs de la "*couturière chez soi*" :

combinaisons fatiguées sous les bras qu'on raccommode d'une certaine manière en ne se contentant pas de "*simplement poser une pièce à cet endroit*", dentelles récupérées sur "*une lingerie usée*", qu'on lave avec délicatesse et qu'on fait sécher enroulée en spirale autour d'une bouteille[4] ou vieux bas de soie qu'on porte chez la remailleuse pour la énième fois.

"E*ntre nous, pour le linge de corps, jamais on ne détrônera le fil*", disait à la veille de la guerre une vendeuse du *Printemps* à Pimprenelle, la jeune épouse héroïne du célèbre livre-guide du même nom, tentée par une chemise de nuit, "*jolie (...), très nette, très distinguée*" certes, mais en *albène*, matière artificielle froide à la peau[5]. Durant la guerre, soie et coton ayant quasiment disparu, on s'est tourné vers ces fibres artificielles, en particulier la rayonne et la *fibranne*, *ersatz* à base de cellulose. Dès juillet 1941, une exposition à fin de promotion leur est consacrée à Paris et Anny Blatt, parmi d'autres couturiers, y présente sa lingerie fine réalisée dans ces matières de substitution indémaillables[6]. Mais ces ersatz sont de médiocre qualité, ils se déforment rapidement et manquent de solidité. Après la Libération, la lingerie de luxe et la haute couture les abandonneront, retournant à leurs amours d'avant-guerre, plus nobles. Le tout-venant de la lingerie continuera, lui, à pâtir de cette médiocrité qui finira par inquiéter la revue professionnelle *Les Dessous élégants* : ainsi, à l'entendre en 1952, la lingerie serait depuis la guerre entrée dans l'"*ère de la calomnie manufacturée*" et les femmes en auraient perdu le goût et la culture du beau linge[7].

Ci-dessous :
Publicité pour le Cinch-Bra de Warner, *ceinture-soutien-gorge-guêpière* à jarretières et à balconnets, pour porter sous une robe de soirée. La taille est lacée, selon la silhouette sablier à la mode, *Harper's Bazaar*, octobre 1951.
Page de droite :
Gaine, soutien-gorge, déshabillé, *Harper's Bazaar*, mai 1952.
Page précédente :
Two at the Fair, Grande-Bretagne.

C'est dans ce climat que, le 12 février 1947, Christian Dior présente sa première collection. Devant sa femme-fleur au buste épanoui et à la jupe *Corolle*, la journaliste américaine Carmel Snow a ce mot qui deviendra historique : "*Dear Christian, your dresses have such a new look !*" Galbée, en poitrine, en taille, en hanches : une nouvelle académie de la femme idéale se dessine, qui s'accentuera encore dans les années cinquante. Avant la guerre, on l'a vu, dans le sillage de la réaction à la garçonne, la restauration de l'anatomie féminine était perceptible. Aux États-Unis, à l'automne 1939, *Vogue* a proclamé l'avènement de la silhouette *sablier* et prôné l'usage d'une nouvelle génération de corsets, capables de donner aux femmes sans les faire souffrir une taille qui demandait autrefois un corset cuirasse[8].

La guerre a interrompu l'élan de cette restauration, en a tamisé les effets, mais lui a donné une force symbolique que récupère le *new-look* après la Libération. Avec le new-look, c'est une féminité volontairement passéiste qui prend sa revanche sur les "*femmes-soldats aux carrures de boxeurs*[9]". Dior en appelle à la Belle Époque, au Second Empire, à "*une couture bien cousue*", "*au "seyant" et au "joli" dont les femmes*", écrit-il dans ses Mémoires, ont été "*privées depuis bien des lustres*" – *par*

d'autres femmes ! précise-t-il sans nommer sa cible, Chanel[10]. Prodigue en étoffes, en volants, en falbalas, le new-look est un puissant catalyseur des aspirations de l'après-guerre, manifeste pour le plaisir d'être fémininement habillée après des années (qui durent encore pour beaucoup) de privations et de *points-textiles*. Mais, remontées sur leur piedestal, les femmes seraient ainsi invitées, après avoir été des actrices actives du conflit, à reprendre leur place de beaux objets frivoles, toutefois dotées désormais du droit de vote (en France depuis 1944). "*À bas le "new-look !*" "*Brûlez monsieur Dior !*" "*Christian Dior go home !*" : en 1947, ce sont, selon ses mots, "*des dames mi-suffragettes mi-femmes de ménage, brandissant de longues perches munies de panonceaux incendiaires*", qui accueillent Dior à Chicago, ombres à sa tournée américaine[11].

"*J'accusai la taille, le volume des hanches ; je mis en valeur la poitrine*[12]." L'ellipse de Dior pour résumer sa geste pourrait servir de légende à cette période qui, durant près de dix ans, sur fond de reconstruction d'une Europe dévastée et de morale puritaine durcie par les tensions de la guerre froide, rêva de femmes aux poitrines opulentes. Car, si Christian Dior et ses robes séduisent les élégantes d'outre-Atlantique, les *pin up* américaines, leurs éloquents modelés et leur lingerie troublante conquièrent, de leur côté, les rêves masculins de l'Ancien Continent, nouvelles Vénus docilement couchées sur le papier, descendues après guerre des carlingues des bombardiers *B-52* et des habitacles des camions de G.I.'s[13]. En 1943, la robe échancrée sur la poitrine démonstrative de Jane Russell étendue parmi des bottes de foin avait valu à *The Outlaw* (*Le Banni*), le film d'Howard Hughes, procès et retraits de l'affiche pour immoralité dans maintes villes des États-Unis[14]. Quelques années plus tard, Jane Russell et Jane Mansfield, Gina Lollobrigida et Sophia Loren, Marilyn Monroe et Rita Hayworth, Ava Gardner et Elizabeth Taylor, toutes à leur manière peu ou prou filles de Mae West, envahiront les écrans, les immenses toiles peintes à la main aux frontons des cinémas et les photographies à l'entrée des salles, protégées comme des icônes inaccessibles au fond de leurs petites vitrines.

Au-delà des frontières du goût, de la distinction et de la classe, les pin up *sexy* (le mot fait ses débuts en France) et les élégantes de la haute couture à l'érotisme sublimé participent de la même femme imaginaire : les unes en exagèrent les formes et les volumes, les autres en raffinent la silhouette et la *ligne*, mot clef de la haute couture de cette période[15]. Entre ces deux pôles, la résurrection de la trinité anatomique – la poitrine, la taille, les hanches – fait le succès d'une nouvelle expression : la *taille mannequin*. En 1954, armée de son *centimètre* et du *Guide de l'élégance* de Larousse, chacune peut ainsi, pour le meilleur ou le pire, comparer ses mensurations à celles des mannequins vedettes des grands couturiers : Fabienne (1 mètre 67, 49 kilos, 85 centimètres

Ci-dessous : Encore fréquents dans les années quarante et cinquante, les bas à couture seront chassés par la génération du Nylon et le perfectionnement des machines dites circulaires, permettant de fabriquer un bas d'une seule pièce. **Page de droite :** Modèles de gaines dont les mannequins démontrent le confort en levant les bras, Paris, 1951. **Pages précédentes :** À gauche, la cabine des mannequins pendant une présentation de collection de Christian Dior, années cinquante. À droite, illustration de Gruau pour la gaine Christian Dior, 1960.

Ci-contre :
Une des cinq photos d'un article de *Harper's Bazaar* en juin 1949 sur le Nylon, intitulé : "*Nylon a Natural Traveller.*" Le mannequin, photographié dans une cabine de train, porte des *panties* roses, à fermeture à glissière, de la marque Parisian Maid (5,98 dollars).

Ci-dessus :
Combinaisons-jupons à forme soutien-gorge, inspirations d'avant-saison, 1948.
Page de droite :
Pour l'après-midi "Valse, *jupon en popeline Nylon pékinée*" de Nicole Bernard, 1954.
À la fin des années quarante et dans les années cinquante, la mode des jupons et des robes évasées flotte jusque dans la littérature.
"*L'après-midi, il alla faire une promenade sur une route qui conduisait à la montagne. Il était constamment dépassé par des filles à vélo, en robes légères, troussées par le vent. L'une d'elles dit en riant :*
"– Ah ! ce monsieur le vent, alors !" Henri Calet, *Poussières de la route.*

de tour de poitrine, 50 de taille et 87 de hanches) ; Bettina (1 mètre 66, 50 kilos, 85 de poitrine, 54 de taille, 82 de hanches) ; ou Capucine (1 mètre 72, 58 kg, 93/58/96)[16].

Les nouveaux canons stimulent la corseterie : "*révolution du balconnet*" en 1947, que revendique madame Carven (sa corsetière est Marie-Rose Lebigot), "*soutien-gorge pigeonnier*" que Jacques Heim déclare avoir "*lancé*"[17], ou, anecdote de langage, fugitif succès du néologisme *corsouple* en remplacement du désuet *corset*, proposé le temps d'une interview à Christian Dior qui s'enthousiasme aussitôt et demande "*d'en être le parrain*[18] *!*" C'est en fait le *combiné*, gaine et soutien-gorge d'une seule tenue, auquel on ajoute parfois un volant dans le bas en guise de jupon, qui jouera ce rôle, en particulier pour les robes de soirée. En 1951, aux États-Unis, s'inspirant du film de Franz Lehar *The Merry Widow* (*La Veuve joyeuse*) avec Lana Turner, Warner lance ainsi un combiné du même nom, noir ou blanc, à porte-jarretelles et sans bretelles, Merry Widow, en forme de sablier d'où s'épanouiront durant plusieurs années les épaules dénudées des riches Américaines en robes-bustiers à corolle[19]. En France, oublieux de sa promesse, Dior lance son *Combiné-Dior* en fil élastomère. Toutes les corsetières élégantes proposent enfin le leur, sur mesure, de Marie-Rose Lebigot (Simone Signoret lui doit son port altier dans *Casque d'or* en 1952) à Cadolle ou à Madeleine Riccy dont une réclame dans *Vogue*, en février 1949, loue le modèle "*en Nylon sans baleines pour le soir*", légèrement fanfreluché sur les frises.

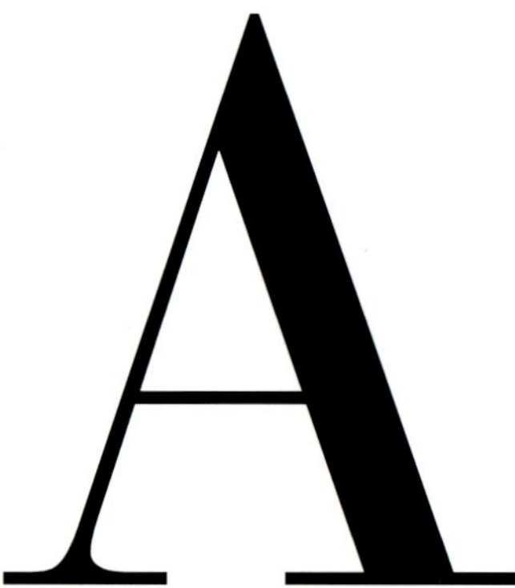

la fin des années quarante, la plupart de ces modèles recourent en effet à cette fibre considérée comme la première fibre synthétique de l'histoire et dont les Européennes, quelques années après les Américaines, viennent de découvrir le nom avec les premiers bas à profiter de ses propriétés : le Nylon. La solidité, la légèreté, la souplesse, la facilité d'entretien du Nylon, appellation déposée par Du Pont de Nemours en 1938, en font pour les jambes des femmes de l'après-guerre une matière de rêve sinon de luxe relatif : encore rare et plus chère que la rayonne[20]. L'"*âge de Nylon*", pour reprendre le titre de la fresque romanesque d'Elsa Triolet, ne fait que commencer. La corseterie de luxe y trouve une source technique de renouveau dont la lingerie populaire ne bénéficiera que plus tard.

Gaines-sangles, *gaines-bustiers*, *serres-taille*, *corselets*, *ceintures de hanches*, *porte-jarretelles baleinés*, parmi les "inventions" destinées à satisfaire au diktat de la taille, la *guêpière* est la petite reine des dessous coquins d'après-guerre. Yvette Giraud en fera une chanson à succès, *Ma guêpière et mes longs jupons*. Un peu plus courte et baleinée qu'un combiné, elle a pour elle son nom, don de la bonne fée du langage.

Ci-contre :
Rue Mouffetard,
à Paris, 1952.
Pages précédentes :
De gauche à droite :
justaucorps en dentelle
élastique et étamine de soie
recouverte de dentelle ;
combiné-gaine bleu lavande ;
combiné en satin lavande,
entièrement monté à jours ;
combiné à laize élastique
et dentelle noire, 1954.

PIN UP ET STARLETTES, POLARS ET REVUES *COCHONNES* : SOUVENIRS DE LINGERIE D'UN ADOLESCENT DES ANNÉES CINQUANTE

"On se branlait à quinze ans sur *Paris-Hollywood* et *V magazine*. Ce dernier gonflait ses pages de pineupes pneumatiques aux pétards du tonnerre, aux nichons russelliens et aux ondulations hayworthiennes ; l'autre, en séquences immuables, déshabillait des gonzesses en couleurs (abricot et épinard délavé) : 1 - le corsage ; 2 - la jupe ; 3 - le soutien-gorge ; 4 - les bas ; 5 - le porte-jarretelles ; 6 - le slip (passage au verso ou à des biais savants, pour éviter la touffe condamnable). Telles étaient nos madones de pensionnat. L'érotisme de grand papa, bottines et baleines, nous laissait de glace, tout comme aujourd'hui, s'il existe, celui des jeans et des collants. La page des fatales d'avant-guerre (yeux charbonneux, culottes de soie incrustées de dentelles, bas luisants, seins de coulisse ou de douche). Même le "petit tralala" de Suzy Delair* ne nous faisait pas tourner la tête : trop de fanfreluches rétro. La guerre n'avait pas encouragé l'excitation fétichiste : hideuses semelles compensées, culottes de viscose ou de rayonne, bas de coton ravaudés ou teinture à la chicorée sur laquelle les habiles peignaient la couture. Notre génération vit s'imposer les textiles de synthèses et le roi Nylon. Finis les corsets de sous-préfecture ; adieu les remailleuses, yeux collés sur les accrocs dans les guérites des passages et les vitrines des merceries (...). Avec la prospérité venaient, dans une grande débauche de blanc nuptial, les "jambes parfaites gainées de Nylon arachnéen "par Chesterfield", les "slips minuscules et affriolants", la gaine Scandale illustrée par Brenot, les décolletés pigeonnants, les porte-jarretelles "légers comme une plume", et autres clichés du harnachement moderne dont nous nous repaissions chez Peter Cheney et ses émules. La combinaison s'attarda dans les films néoréalistes, bientôt chassée par les jupons mousseux de Brigitte Bardot."

JEAN-CHARLES GATEAU,
"Et la quatrième créa",
in Chroniques des années froides (1947-1956), *Silex*, n° 20, 1981.

* Suzy Delair, actrice, vedette de *Quai des Orfèvres* (1947) et de *Lady Paname* (1949).

Ci-contre :
L'actrice Martine Carol, (*Méfiez-vous des blondes* et *Caroline chérie*, 1949, *Adorables créatures*, 1951, *Lola Montès*, 1955, etc.), dans les années cinquante.

Cécile Aubry,
fin des années quarante

Jacqueline Pierreux,
vers 1947

Dora Doll,
début des années cinquante

Geneviève Kothinoff, fin des
années quarante

Jeanne Miller,
début des années cinquante

Gisèle François,
début des années cinquante

Dominique Wilms,
début des années cinquante

Sophia Loren,
années cinquante

Brigitte Bardot, 1956

Nicole Gaillard, 1959

Publicité Vertige,
fin des années cinquante

France Anglade,
début des années soixante

Ci-dessus :
Publicité pour des soutiens-gorge sans bretelles, pour robes du soir, *Harper's Baazar*, fin des années quarante.
Page de droite :
Diana Dors, actrice anglaise venue au cinéma après avoir gagné un concours de beauté, célèbre et pulpeuse enjôleuse de l'Angleterre des années cinquante, *National Police Gazette*, 1957.

Lancée en 1945 par Marcel Rochas, la guêpière est dans la lignée de la robe à bustier qui a permis au couturier de faire sensation en septembre 1942 ou des tenues qu'il a exécutées pour Mae West avant guerre[21]. En dentelle noire, dotée souvent d'un porte-jarretelle, parfois d'un petit jupon, elle devient la parure de pose obligée, presque la tenue officielle, des stars du *sex-appeal*, de Rita Hayworth à Ava Gardner, de Jane Russell à Marilyn Monroe et à Brigitte Bardot. En 1954, son aura érotique est telle que Pauline Réage, pseudonyme de Jean Paulhan, en fait une des livrées fétiches d'*Histoire d'O* : guêpière blanche ou "*guêpière de taffetas de Nylon noir, tenue rigide par de larges baleines très rapprochées, courbées vers l'intérieur au ventre et au-dessus des hanches*", qu'on lace sur O, l'héroïne, pour lui creuser ventre et taille, en lui laissant "*la croupe entièrement libre*[22]".

Hormis ces pièces de choix, la gaine et le soutien-gorge sont l'alpha et l'omega de la silhouette des années cinquante. Accompagnée de jarretelles, la gaine idéale creuse le ventre pour obtenir le fameux "*creux stomacal*" tant prisé par les couturiers et elle arrondit la hanche en la moulant[23]. Les femmes "*fortes*" la choisissent en satin, en étamine, en broché ou "*dans une dentelle élastique résistante*" ; les femmes "*moyennes*" en taffetas, en satin, en Nylon ou en "*dentelle à élasticité inversée, horizontale dans certaines parties, verticale dans d'autres*", afin de faciliter "*les mouvements du corps*[24]" ou, pour certaines, de compenser une sangle abdominale malmenée par les maternités. En dépit de ce carrossage jugé indispensable, même portée dans son modèle court, comme c'est le plus souvent le cas, la gaine connaît ses derniers beaux jours. Déjà délaissée sous l'Occupation, elle est ignorée après la guerre par les filles de Saint-Germain-des-Prés et les danseuses du *Tabou*. Pour Suzanne Marchellier, apprentie comédienne née en 1922 et montée à Paris peu avant la Libération, le corset, c'est sa grand-mère, "*le Paris des années 1900*" ; la gaine, c'est sa mère et l'avant-guerre, et ni elle ni sa sœur, étudiante en lettres de quatre ans son aînée, ne portent de gaine et jamais n'en porteront[25]. Cette simplification des dessous est le fait d'une génération qui déjà échappe aux critères d'élégance de la haute couture et annonce les modes *parallèles* de la jeunesse et de rue qui s'imposeront dans le futur. Mais elle va au-delà, comme en témoigne en 1953 l'irritation de l'éditorialiste des *Dessous élégants* qui tonne contre le "*lamentable laisser-aller*" de celles qui se contentent en tout et pour tout d'un "*slip de dernière catégorie, dont les contours se dessinent sous la jupe*", au mépris de l'hygiène, du confort et du goût[26].

Balconnet, *pigeonnier*, *pigeonnant*, en corbeille, à demi-basques, en obus, sans bretelles : la variété des soutiens-gorge des années cinquante témoigne de la fascination

Diana Dors
ENGLAND'S MARILYN MONROE

Ci-dessus :
Publicité pour
les bas Scandale, 1949.
Page de droite :
Marilyn Monroe
en déshabillé transparent,
1952.

de l'époque pour la poitrine féminine. Comme le cinéma, la littérature policière est aux premières loges. En 1953, dans *Touchez pas au grisbi !*, Albert Simonin s'attarde sur les "*roberts roses*" d'une de ses créatures[27]. Il enregistre ainsi la popularité croissante d'un mot qui désigne le sein dans le langage des *durs*, mais qui serait à l'origine le patronyme de l'inventeur du premier biberon à tétine de caoutchouc fabriqué industriellement et rendu célèbre par sa publicité : le biberon Robert[28]. Portés par le rêve mammaire, poussés par certains couturiers, des professeurs Nimbus du soutien-gorge multiplient les audaces techniques sans lendemain. Au début des années cinquante, Scandale lance ainsi Very Secret, soutien-gorge en Nylon "*à bonnets compensés, doublés d'une poche en matière plastique d'une extrême finesse, gonflable à volonté*". Une fois le soutien-gorge passé, il suffit de souffler dans ce sac avec une pipette "*jusqu'à l'obtention du volume désiré*" et d'en refermer ensuite la valve.

EN PETITE TENUE

– Il fait une chaleur épouvantable, murmura Geneviève en passant
un mouchoir sur son front perlé de sueur. Je vous envie de vous mettre à l'aise.
Nous les femmes n'avons guère cette chance. (...)
– Qui vous en empêche ?
– Mais vous précisément. D'habitude je suis en petite tenue tout l'été.
Je ne sais pas pourquoi je vous dis tout ça remarquez.

RUDY GAIRLAINE, *Opération pin up*, *c.* 1947.

Comme la gaine, la combinaison entame un long déclin, au parcours plus sinueux. C'est l'été que le désamour est le plus cruel. "*Trop de femmes s'imaginent pouvoir se passer en été de combinaison*", regrette *Les Dessous élégants*[29]. Elle épaissit la silhouette et même "*aplatit les seins*", lui reprochent les infidèles[30]. "*Si nous n'aimez pas avoir deux épaisseurs de tissu sur la poitrine, portez un jupon monté à la taille sur un bord de lastex*", leur conseille d'ailleurs le *Guide de l'élégance* en 1954[31]. La combinaison conserve cependant une légitimité qu'elle doit en partie à ses avantages hygiéniques, esthétiques et économiques. Elle protège chemisiers et robes des méfaits de la transpiration, accentués par des habitudes de toilette corporelle souvent limitées, qui viennent autant des anciennes préventions contre l'eau que de la pauvreté des équipements sanitaires domestiques : dans bien des cas, un lavabo, voire l'évier de la cuisine, ou une simple cuvette et un broc quand l'eau est sur le palier,

THE IDIOT
A HIGH WIND IN JAMAICA
SITUATION NORMAL...
Nana

En 1954, armée de son *centimètre*, chacune peut comparer ses mensurations à celles des mannequins vedettes des grands couturiers : Bettina (1,66 m, 50 kg, 85/54/82) ou Capucine (1,72 m, 58 kg, 93/58/96).

parfois un bidet (fixe ou pliable). Ce n'est pas une raison, moralise le *Précis des nouveaux usages* en 1948 : "*Seuls les gens malpropres réclament à grands cris, pour se laver, une salle de bains dont l'absence excuse leur négligence. Quel que soit le moyen, baignoire, douche, tub ou cuvette, le corps humain doit être lavé des pieds à la tête, chaque jour que Dieu fait*[32]." À défaut de cette toilette complète (récurage plutôt réservé au dimanche), en lavant sa combinaison ou en en changeant régulièrement, on garde ses robes en bon état plus longtemps et on fait des économies de teinturier.

La combinaison protège aussi la peau du contact déplaisant de certains tissus, en particulier en laine, même doublés. Enfin, et surtout, "*elle fait* tomber *la robe et dégage la démarche*[33]". À une époque où les vêtements élégants et de qualité sont coûteux (la confection existe, pas le prêt-à-porter), où les femmes retouchent, *reprennent* elles-mêmes, ou font *reprendre*, leurs robes au gré de la mode et de l'ourlet (faute d'en changer à chaque saison), ces atouts permettront à la combinaison de connaître un dernier printemps jusque dans les années soixante. En soie, en satin, en crêpe de Chine, en jersey, le plus souvent taillée dans le biais, conformément à la mode, elle moule alors les seins de ses découpes et forme soutien-gorge, des nervures l'aidant parfois à affiner le buste et à creuser la taille. Moins élégantes sont les combinaisons en Nylon et, surtout, en rayonne ou en fibranne, ersatz hérités de la guerre mais toujours présents dans les armoires. Enfin, la combinaison se transforme en *fond de robe*, qui, comme son nom l'indique, est une sorte de toile de fond, de double de la robe, assurant son tombé, en rendant plus souple le port, sans avoir pour autant la sophistication de la combinaison.

Ci-dessous : Illustration de Gruau pour la marque Lejaby, *Paris-Match*, 1957. **Page de droite :** Michèle Morgan dans *Les Orgueilleux*, d'Yves Allégret, en 1953. **Page précédente :** Le *creux stomachal*, à la mode au début des années cinquante.

Le déclin de la combinaison tient aussi à l'évolution de l'imaginaire érotique : la pudeur de la sœur cadette de la robe ne charme plus les hommes, attirés par des sirènes plus nudamment parées. En 1953, le monde de la lingerie s'émeut de cette "*suppression de la combinaison*". Marthe Rosemont y voit la conséquence d'une "*idée erronée que nombre de femmes se font de la psychologie masculine*". Pour les remettre sur le droit chemin du désir masculin, elle fait planer, en un étrange tableau, la menace de la répulsion, de la répudiation : "*Bien souvent, l'homme, constatant dans le contre-jour d'une robe légère, l'absence de combinaison ou de jupon, éprouve un sentiment de malaise*, écrit-elle avant d'ajouter : *une enquête récente effectuée suivant la méthode Gallup ne laisse aucun doute à cet égard*[34]." Rien n'y fera. Certes, le cinéma, bridé par la censure, dote la combinaison d'une ultime aura de parure sensuelle de la parade amoureuse, aura qui semble séduire les *femmes d'intérieur* et les jeunes filles sages des années cinquante. Pour celles

Page de droite :
Shirley MacLaine
dans *Irma la douce*,
de Billy Wilder, en 1962.
Pages précédentes :
À gauche, Elizabeth Taylor
et Paul Newman
dans *La Chatte sur
un toit brûlant*,
de Richard Brooks,
en 1958.
À droite, modèle
de combinaison de 1965.
Dans les années cinquante,
la censure au cinéma
profite à la combinaison.
Celle-ci est de plus en plus
portée sans robe
dans l'intimité familiale
et domestique,
au détriment
de la lingerie d'intérieur.

de la génération suivante, la combinaison ne sera plus qu'une pièce de lingerie démodée, vieillotte, associée parfois à des images familiales et domestiques prosaïques : images d'une mère se débarbouillant le matin ou se démaquillant le soir en combinaison, d'une tante en petite tenue l'été chez elle.

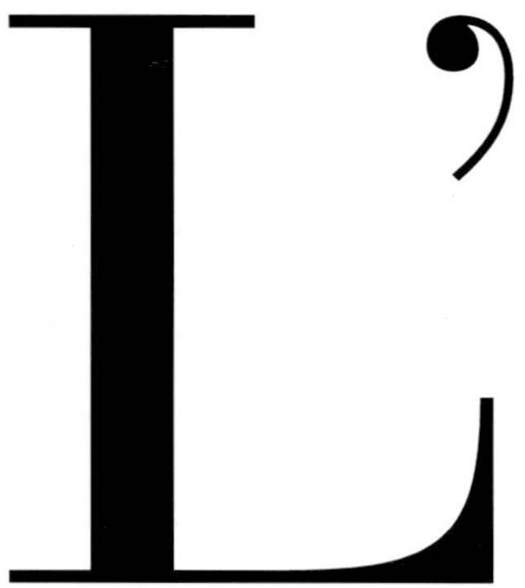
L'angélique gardienne de la féminité des années cinquante, c'est la chemise de nuit. Dans l'intimité de la chambre à coucher, elle reste le dernier rempart de la pudeur, reflet d'une tradition qui a longtemps interdit aux épouses d'apparaître dénudées devant leur mari et les a fait se déshabiller à l'écart du regard masculin, dans leur cabinet de toilette, derrière un paravent ou, simplement, dans la chambre à coucher, n'autorisant leur époux à n'y pénétrer qu'une fois glissées en chemise de nuit dans les draps, et toute lumière éteinte. S'exposer nue devant un homme était l'apanage de la fille publique ou de la fille légère. À la veille de la seconde guerre mondiale, on trouve encore dans le commerce des chemises de nuit percées du trou d'usage destiné au coït conjugal[35].

Depuis le XVIIIe siècle s'est en effet instaurée dans la culture masculine bourgeoise la grande division entre la sexualité sans désir ni jouissance de l'épouse-mère et l'érotisme séducteur et expert de la prostituée. Mais, depuis la fin du XIXe siècle, cette frontière s'érode lentement, à mesure que les images publiques de cet érotisme professionnel modifient les désirs, les attentes, les comportements et pénètrent dans la chambre conjugale : dans la sphère intime du couple moderne, la séduction devient un nouveau devoir de l'épouse et la chemise de nuit est une de ses armes[36]. En 1902, un auteur explique ainsi (à ses lectrices ?) l'art d'user de la chemise dite "*chemise conjugale*". "*Elles ne la porteront pas tout de suite*, conseille-t-il, *mais après quelque temps, elles comprendront la valeur de cette soie d'Orient ou de cette batiste, toute coupée de larges entre-deux de dentelles, toute frémissante des valenciennes qui la garnissent en volants dans le bas.*"[37] D'enveloppe pudique de l'épouse, parfois symbole de sa fragilité et de sa vulnérabilité, la chemise de nuit s'est ainsi peu à peu érotisée, utilisant les ressources de l'échancrure, de l'ajustement, de la transparence et de la longueur. Ce processus aboutira en 1956 au coup d'éclat de la chemise de nuit écourtée de Caroll Baker dans *Baby Doll*, film qui donnera son nom à une nouvelle pièce de la lingerie nocturne, symbole d'une nouvelle morale.

Ci-contre :
Brigitte Bardot en 1959.
Page de gauche :
Brigitte Bardot au cours du tournage de *Vie privée*, de Louis Malle, en 1961. Depuis *Et Dieu créa la femme*, de Roger Vadim en 1956, “BB” invente une nouvelle image de la sensualité féminine, mélange d'innocence et de provocation, qui vieillit la rhétorique de la pin up. Comme Marilyn Monroe en collants noirs et pull bleu ciel dans *Let's make love* en 1960, elle porte ici des collants : de danseuse, de skieuse, ou, peut-être, en Nylon Helanca contre le froid, premiers collants de ville avant le boom des années soixante-cinq.

PETITES FILLES ET FEMMES LIBÉRÉES : PANTIES, SLIPS MINIS, COLLANTS

ces fines Anglaises aux peaux si blanches fardées de rose

JEAN-JACQUES SCHUHL, *Rose poussière*, 1972.

Il n'y a plus que Creezy, Creezy et son profil doré, Creezy qui dit cheese, Creezy et ses larges yeux verts, Creezy mon icône peinte, Creezy et son slip blanc, étroit et long, Creezy qui marche vers moi, de son pas de mannequin, le talon bien posé, le regard droit devant elle.

FÉLICIEN MARCEAU, *Creezy*, 1969.

1 mètre 67, 41 kilos : autour de 1966, à Londres, dans le *Swinging London* des Beatles et des Rolling Stones, des Animals et des Who, des boutiques de mode délurées de Carnaby Street et de King's Road, celle qui incarne la féminité du jour n'est pas une actrice, c'est un mannequin baptisé Twiggy, la brindille. Femme-enfant aux genoux un brin cagneux (mais ses jambes sont assurées pour 400 000 livres sterling à la Lloyd[1]), femme androgyne presque dépourvue de *poitrine* (mais le mot lui-même commence à faire démodé), la plate petite Anglaise née en 1949 illustre le nouveau rôle économique et symbolique détenu désormais par la jeunesse : celui de premier acteur et consommateur de la mode. "*Avant, la mode n'existait que pour les riches. Aujourd'hui, la mode existe pour les adolescents*, explique en 1966 dans *Qui a peur de Polly Maggoo ?*, le film de William Klein, le journaliste chargé du reportage sur Polly le mannequin, *la mode des petites filles, petites robes sans taille, sans poitrine, sans hanches, que des genoux, des chaussettes, des souliers plats, des bottillons, etc. (...) une mode pour chaperon rouge androgyne en minijupe...*"

Comme Polly, comme Twiggy, comme les *models* de Mary Quant, qui, autour de 1966, disputent à ceux de Courrèges le monopole de la minijupe, comme les "*minces filles taciturnes et arquées*[2]" qui dansent le *monkey* ou le *shake* au *Club Princesse* (chez Castel) à Paris à l'automne de cette même année, adolescentes et jeunes femmes à la mode poursuivent le rêve d'un corps allégé des volumes de la génération précédente, d'un corps qui ne serait que surfaces : nettes, lisses, sans aspérité, sans profondeur

HASSELBLAD

physiologique, sans mémoire organique. Sur le visage de Twiggy affleurent "*boutons, pus, taches, gerçures, cicatrices, le tout recouvert de poudre aux joues, fard aux paupières, rouge aux lèvres : visage enseveli sous ça*[3]". La frange raide de la perruque corbeau de Polly s'arrête en surplomb au-dessus de ses longs faux cils noirs et de ses immenses yeux au regard vide souligné à l'*eye-liner*. Les longues filles du *Club Princesse* – sosies de la longiligne Françoise Hardy, autre anorexique adulée de l'époque – ont des "*bas blanc-rose, rose-beige, rose Lido, bleu pâle*" : ce "*sont les bandelettes de ces momies aux fines ceintures d'or*", dit Jean-Jacques Schuhl dans *Rose poussière*[4].

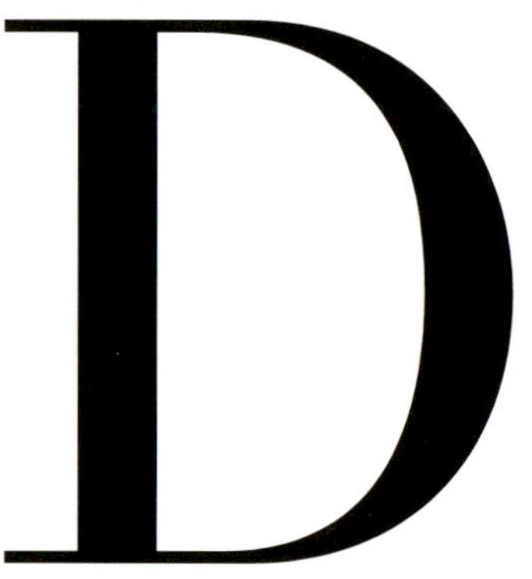
Du maquillage du visage à la parure du corps, cette obsession de la netteté, de la propreté, de la brillance des surfaces, est animée par la même utopie *esthétique*, au sens *cosmétique* que donne à ce mot celle dont le métier alors en vogue cristallise, avec celui de mannequin, les rêves des adolescentes de la classe ouvrière : l'*esthéticienne*. La vieille Europe découvre avec le zèle euphorique d'une débutante fraîchement convertie l'univers neuf des objets consommables et des choses périssables. L'utopie cosmétique, on la retrouve alors aussi bien dans le *standing* ménager (les appareils domestiques et l'intérieur qu'on brique) que dans le fétichisme automobile (le *design* des carrosseries et la voiture qu'on *bichonne*), dans les descriptions cliniques du Nouveau roman ("*Autour de nous, les choses sont là, leur surface est nette et lisse, intacte*", écrit Alain Robbe-Grillet) que dans l'essor des soins du corps[5]. En 1951, *Elle* avait fait scandale avec une enquête sur la propreté de la Française, révélant qu'elle lavait ses porte-jarretelles en moyenne une fois tous les deux ans[6]. Quinze ans plus tard, plus de 85 % des foyers français jouissent de l'eau courante (ils étaient 39 % en 1946) et, au-delà même des lents progrès de la propreté physique, c'est partout, sur les ondes, sur les affiches publicitaires, dans les magazines, dans les magasins, le même idéal d'hygiène et de fraîcheur du corps qui est désormais proclamé. "*Être fraîche, c'est facile. Le rester, c'est Printil !* entend-on à la radio dans la bande son de *Pierrot le fou* de Jean-Luc Godard en 1965. *Le savon lave, l'eau de Cologne rafraîchit, le parfum parfume. Pour éviter toute odeur de transpiration, j'applique Printil à la fin de ma toilette et je suis absolument tranquille pour toute la journée. Printil existe en atomiseur, en stick vaporisateur et en flacon-bille.*"

Dans cette esthétique qui croise celle de l'op'art et du pop art, les corps en trompe-l'œil des femmes-enfants de Mary Quant, de Courrèges, de Cardin, sont des corps sans histoire, des corps de petites filles en arrêt au seuil de leur propre féminité, des corps qui n'auraient pas encore été transformés par les seins qui poussent ni par les règles qui souillent. En se redéployant autour des adolescentes, la mode des

Ci-dessous : La femme nue à la rose, célèbre photographie pour la première publicité sans modèle de Rosy, 1962. **Page de droite :** Les coordonnés de la marque Peter Pan, 1967. À gauche, "*soutien-gorge préformé et panty en tulle Lycra à damiers ciel ou roses*". Au centre, soutien-gorge "*tout Strech sans armature*" et gaine à bandes croisées. À droite, soutien-gorge pigeonnant et "*culotte-short*" blanc, paille, ciel. **Page précédente :** Soutien-gorge, *Elle*, 20 mars 1965.

Ci-contre :
Le *model* Anne Pucie, 1968.
"Si les hommes et une certaine catégorie de femmes – les moins jeunes et aussi les plus raffinées – ont gardé un goût vif pour les enveloppes de tulle au parfum de frou-frous, les jeunes, garçons et filles, et les femmes d'aujourd'hui – qui travaillent, donc qui veulent être à l'aise, qui n'ont pas de domestique, donc qui veulent une fibre synthétique qui se lave facilement et ne se repasse pas, et de préférence de couleur parce que c'est moins fragile – ont un regard, disons plus "sportif" qu'auparavant sur le corps féminin. Le fameux "mystère" n'est plus dans la dentelle."
Katia. D. Kaupp, *Elle*, 10 mars 1966, à l'occasion du deuxième Salon de la corseterie et de la lingerie féminine.

années soixante prend ainsi en charge la *question* de leur *sexualité*, comme on commence à dire alors, en la masquant tout en y faisant des allusions sans cesse déplacées. En 1971, dans le premier numéro du *Torchon brûle*, emblématique *menstruel* (lui-même se désigne ainsi) du Mouvement de libération de la femme dans la France de l'après-68, une jeune anonyme se souvient, dans une lettre ouverte à ses parents, du silence qui entourait ces "*questions embarrassantes*" dans le milieu bourgeois et catholique de son adolescence, et de la honte d'avoir ses règles dans ces années soixante. "*Voilà, maman, la raison pour laquelle je ne suis pas allée te voir quand j'ai eu mes premières règles,* écrit-elle, *j'ai préféré discuter avec une de mes sœurs qui souffrait comme moi de se sentir sale, de se voir exclue une semaine par mois de la famille par peur de montrer une petite bosse, ou un peu de sang au bas de sa jupe, qui, matins et soirs, s'enfermait dans la salle de bains pour changer et laver ces horribles chiffons, ces couches, plus économiques et plus hygiéniques que les serviettes à jeter (je dis serviettes et non Tampax, car ça nous était vraiment inconnu, vous pensez, s'enfoncer ça dans le vagin ; on aurait peut-être compris trop de choses !). Et, ensuite, il fallait les étendre, mais en essayant de les cacher, parce que "ça excitait les garçons" (texto) !...*"

Ci-dessous : Panty et soutien-gorge. Publicité de la marque Aubade, début des années soixante.
En bas : Modèles Rosy "*Collège*", en coton imprimé bordé de croquet blanc, 1965. Soutien-gorge légèrement préformé, porte-jarretelles, slip et jupon. La lingerie moderne abandonne le rose pour imprimés fleurs et couleurs.
Page de droite : Coordonnés de *La Redoute* en Nylon polyamide à rayures multicolores, 1967. À gauche, soutien-gorge et *jupon-culotte* ; à droite, *fond de robe*.

Pas plus qu'elle n'a de règles, la femme-enfant des années soixante n'a de seins, et ses soutiens-gorge en Lycra, matière révolutionnaire par sa souplesse qui entre alors dans la lingerie, ne tentent donc pas de mettre sa poitrine en valeur, comme l'ont fait au cours de la décennie passée soutiens-gorge classiques et balconnets. En 1964 est même lancé le *stretchbra*, ou soutien-gorge à bretelles élastiques, "*réservé aux poitrines menues qui ne cherchent pas à être avantagées*[7]", en tulle Lycra pour 59 francs chez Warner ou en Lycra et dentelle pour 38 francs chez Peter Pan, marque bien nommée pour cette féminité qui ne veut pas grandir[8].

Comme Peter Pan, cette femme-enfant porte des *collants*. Les collants, maillots de jambes et de cuisses des danseuses et des gymnastes, s'imposent au milieu de la décennie avec la mode de la minijupe. Leur arrivée sonne la retraite des dessous traditionnels, y compris dans leurs versions modernisées. Ainsi le *panty*, ou *pantie*, gaine-culotte à jambes, qui tire son nom de *pantaloons*, le mot anglais qui désignait les *pantalons* féminins du XIXe siècle. *L'Express* applaudit à ses succès en avril 1964. "*Le panty, c'est en fait une transposition du short auquel on rajoute des jarretelles*", explique l'hebdomadaire moderne à ses lecteurs (le jeune couple des *Choses* de Georges Perec en 1965, par exemple). "*Moins rigoureux qu'une gaine, plus séduisant sous les jupes étroites qu'un simple slip, il se fait dans toutes les matières élastiques*[9]." Sur certains panties à jambes plutôt longues, tels ceux de *Vanity Fair*, "*les jarretelles se boutonnent haut sur la jambe et demeurent cachées, même une fois tendues*" – astuce toutefois coûteuse : 83 francs en Lycra blanc, ciel ou orange, contre 15 francs pour le panty tout simple de *Prisunic*, en Lycra également, à fines rayures marine et blanches[10]. Clarisse, l'adolescente à la mode d'*Il était deux fois*, roman-journal publié

"Le seul problème
que l'on se pose,
C'est d'séparer
en deux portions
55 kilos de chair rose
De 55 grammes de Nylon",
chante Claude Nougaro
dans *Les Don Juan* en 1962.
Les sous-vêtements
féminins des années soixante
s'allègent en effet
(*"55 grammes de Nylon"*),
se défont des complications
de ceux de la génération
précédente, tendent vers
le *mini* qui triomphe
bientôt sous les pantalons
et les pulls moulants.
Ci-contre :
Soutiens-gorge transparents
et slips taille basse.
Elle, 1966.

en 1968 par Benoîte et Flora Groult, laisse le sien, "*petit pantalon de Nylon rose, bien en vue, en invite dans la salle de bains*[11]". Le panty s'agrémente souvent de menues dentelles qui festonnent le cercle de ses jambes, fanfreluches particulièrement appréciées des fillettes de l'époque, telle la petite Christine Martin, douze ans en 1969. Son panty descend au ras de sa "*courte robe trapèze, sans manches, bleu turquoise, à petites fleurs, soulignée d'un large biais fuchsia, tout l'intérêt étant qu'on l'aperçoive au moindre déplacement de la robe*[12]".

En 1969, la marque Dim, qui s'est rendue célèbre dans les années passées avec ses bas vendus en chapelet (dix pour 10 francs) et ses bas Tels Quels vendus sans apprêt, non plus à plat mais en boule dans un cube, Dim, donc, décide de consacrer l'essentiel de son appareil de production aux collants, tant leur succès depuis l'apparition de la minijupe en 1965 a les allures d'une lame de fond. À partir de 1971, dans les salles de cinéma, les *spots* publicitaires de Dim vont peupler les écrans des entractes de leurs filles euphoriques, aux longues jambes gainées de collants de toutes les couleurs, dansant dans un insolent désordre géométrique sur une ritournelle tirée du film *The Night of the Fox* que presque toute une génération sera bientôt capable de chantonner : *pa-pa-pa-pa-pa-pa...*[13]. À l'autre pôle de ce culte de la jambe, venant d'un metteur en scène qui n'a pas renoncé à faire porter bas et jarretelles à ses héroïnes, il y a la gravité légère du bel axiome de François Truffaut, énoncé par son personnage Bertrand Morane dans *L'homme qui aimait les femmes* en 1977 : "*Les jambes des femmes sont des compas qui arpentent le globe en tous sens, lui donnant son harmonie et son équilibre.*"

Ci-dessous :
Soutien-gorge et collant à démarcations panty multicolores. Le panty a chassé le porte-jarretelles. Le collant chasse à son tour le panty. Viendront bientôt les collants sans démarcation à la cuisse.
Page de droite :
Panty et soutien-gorge en dentelle de Calais de Tiburce Lebas et "*élastifié Sarlane*", Cadolle Éditions, 1967.

LES SOUTIENS-GORGE AU FEU, LE TROUSSEAU DÉSENCHANTÉ

Nous ne sommes pas des poupées !

Calicot, manifestation féministe du 14 avril 1971, Paris.

Je me demandais ce qu'elle racontait, j'étais en train de lui remonter sa jupe au-dessus des hanches et je constatais qu'elle portait pas de slip mais des collants. J'avais du mal à penser à autre chose.

Philippe Djian, *37.2 le matin*, 1985.

Dim n'est pas la seule marque à multiplier les couleurs de ses collants. En Grande-Bretagne, Mary Quant l'a précédée. En fait, toute la lingerie féminine à la mode est gagnée par la gaieté chromatique qui, des *Parapluies de Cherbourg* (1963) au style *Prisu*, du décor du Drugstore aux petits *pulls Shetland* portés par les *minettes*, caractérise le style des années soixante. Aux adolescentes et à celles qui les imitent, les vendeuses des grands magasins proposent, à côté de la lingerie blanche ou rose classique, des modèles plus *fantaisie* : panties à rayures, soutiens-gorge à pois ou à petits carreaux, coordonnés soutien-gorge et panty court, soutien-gorge et culotte,

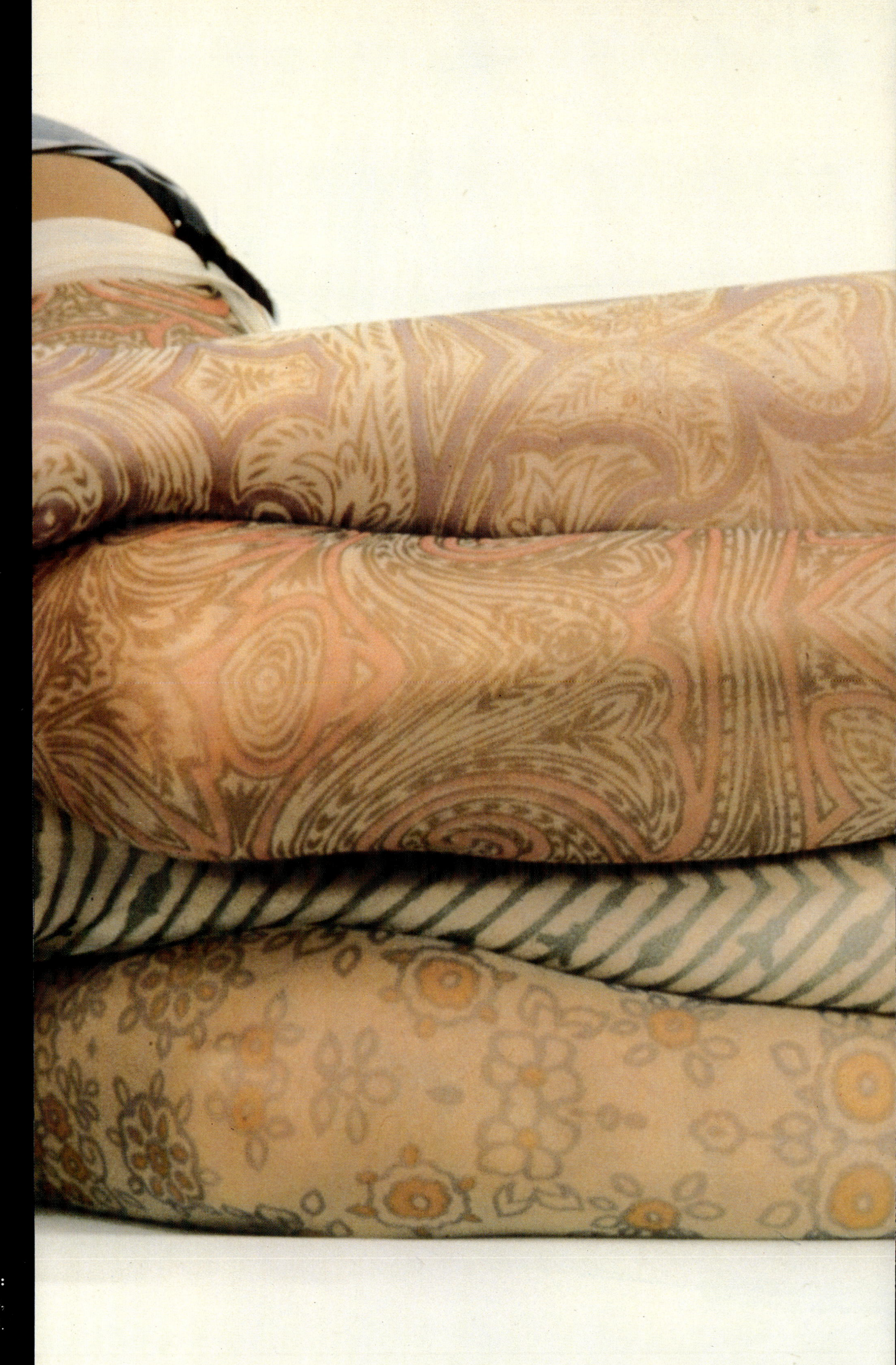

Ci-contre :
Nylon à imprimés,
1965.

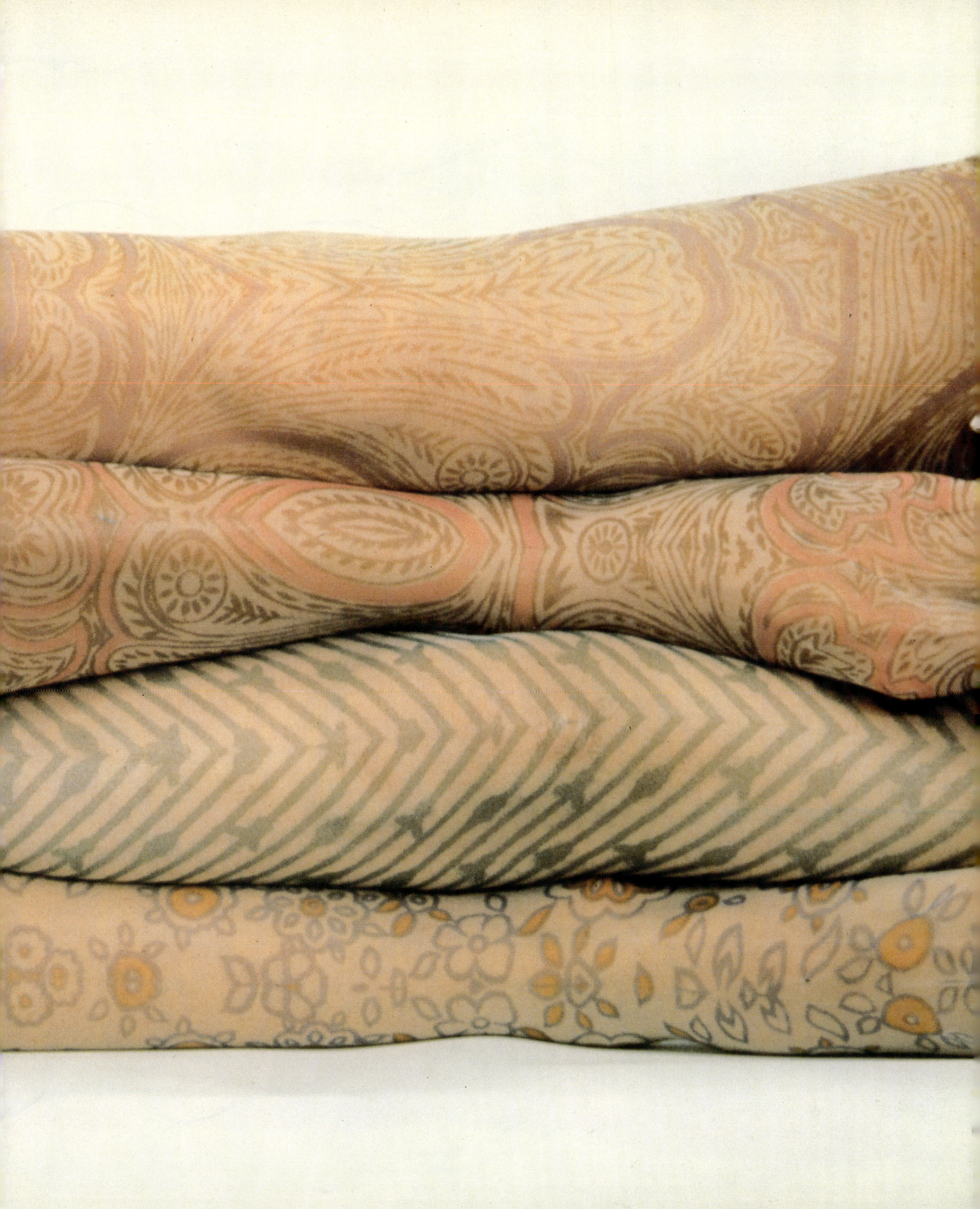

Ci-dessous : Soutien-gorge Peter Pan, 1969.
Page de droite : *"Il me fallait une robe. Vite ! Chez Magoo j'hésitais : mousseline peinte ou crêpe noir (...). J'ai failli me décider pour une folie de pantalon en velours blanc... Mais il me fallait enlever ma combinaison super raffinée haut et bas... J'ai renoncé au pantalon..."* En 1965, par cette publicité, le Comité international des dentelles, tulles, voilettes et broderies cherche à redorer le blason d'une combinaison sur le déclin : pour la première fois en France, on fabrique plus de pantalons que de jupes.

et surtout, avec la mode de la minijupe et la généralisation du pantalon, soutien-gorge et *slip mini* – coordonnés qu'elles leur conseillent de ne pas dépareiller. En introduisant ces couleurs franches de bonbons acidulés dans la lingerie, cette révolution chromatique sera aussi perçue comme un rejet des dessous séducteurs d'hier, amateurs des tons chair, champagne, crème, rose pâle (pour les plus délicats), du noir ou du rouge (pour les plus sulfureux), qui contribuaient jusque-là à leur pouvoir.

Le collant est à la fois une réponse (et un encouragement) aux provocations de la minijupe qui, juge Jean Baudrillard, substituent *"l'apparence du viol"* aux *"apparences de l'interdit"* des modes antérieures[14]. Il sera perçu, lui aussi, comme un facteur de désérotisation des dessous féminins : d'abord parce qu'il chasse bas et jarretelles, mais aussi parce que, en isolant totalement l'intimité féminine telle une élastique ceinture de chasteté (au point de chasser aussi le slip), il supprime les jeux subtils de frontière entre l'ouvert et le fermé, la chair et son écrin, le corps et ses artifices, le désir et ses obstacles, qui fondaient l'érotisme de ces dessous. Ainsi, la désaffection pour les dessous, qui marque l'après-68 et les années soixante-dix, est-elle d'abord une désaffection pour des rituels de séduction jugés obsolètes. Les statistiques sont sans appel : 1 418 915 jupons produits en France en 1968, 549 395 en 1971 ; 397 854 porte-jarretelles en 1969, 32 521 en 1971 ; quant aux panties, leur production atteint 3 681 855 pièces en 1969, après quoi elle ne cessera de baisser[15]. En novembre 1970, rendant compte d'une *"étude de motivation"* réalisée par Havas Conseil, le journal professionnel *Créations lingerie* constate que *"la lingerie traditionnelle a perdu son pouvoir féminin, érotique, troublant"* et qu'elle est *"intimement associée à des mœurs dont on se sent terriblement éloigné." "L'homme lui-même,* à en croire le magazine, *éprouve le plus souvent gêne et appréhension devant une lingerie chargée et exerce sur sa compagne une censure, très impérative chez les jeunes hommes, en faveur d'une façon "naturelle" de se sous-vêtir "sans tricherie."* Dans *La Dentellière*, roman de Pascal Laîné et prix Goncourt 1974, le fils de bonne famille étudiant à l'école des Chartes donne des leçons d'habillement moderne à la petite ouvrière sagement vêtue qui partage sa vie et la convainc *"de ne plus porter de soutien-gorge sous ses chemisettes"*, comme le font les filles à la mode, à *Saint-Germain*, dans leurs chemisiers Cacharel[16].

Ce monde *sans tricherie*, c'est celui de l'*unisexe*[17], contrecoup, dans la mode, de la métamorphose de la *condition féminine*, évolution aussi importante que la naissance du marché des *teenagers* : scolarisation des filles à l'égal des garçons à compter de 1965, augmentation du nombre des femmes qui travaillent (38 % des actifs en 1973), revendication d'un salaire égal à travail égal, mais aussi lutte pour la dépénalisation et la gratuité de l'avortement (loi Veil en 1975), et, dans les images et les mots en tout cas, banalisation de la pilule (légalisée en 1967, mais de fait utilisée par 8 %

Ci-dessus :
Sets slip-soutien-gorge en taffetas de Nylon, et, à droite, panty-soutien-gorge en dentelle et Lycra *"pour stars et starlettes"*, Rosy, août 1966.
Page de droite :
Mini-slip et soutien-gorge en Dacron et Lycra, Maidenform, *Marie Claire*, mai 1971.

des femmes en 1973[18]) et de la liberté sexuelle. *"Notre corps nous appartient !"* proclament les féministes françaises en 1971, tandis qu'aux États-Unis leurs *sœurs* viennent de brûler leurs soutiens-gorge devant la Maison-Blanche. Sous les pulls chaussettes de ces années-là, celles qui ne vont pas seins nus bénissent les confortables voiles de maille des nouveaux soutiens-gorge sans armature, comme ceux de Huit vendus dans leur coque de plastique transparent : ils leur permettent de lever le poing et de porter haut leurs revendications dans les manifestations sans craindre de sentir leurs bonnets remonter, petite hantise ordinaire de la femme en soutien-gorge dont elles se voient enfin libérées. En fait, malgré l'affranchissement proclamé, les soutiens-gorge continuent d'être portés, fussent-ils de voile. Leur production ne décroit pas : 20 785 036 pièces produites en France en 1969, 26 401 666 en 1971[19]. Rien ne symbolise mieux ces petites contradictions que le nom anglais de l'un de ces soutiens-gorge, l'un de ces *bras* transparents de l'époque (*bra* est le diminutif de *brassiere*), judicieusement baptisé "*the No-bra bra*" en 1969[20].

Un slip, un collant (sous le pantalon, des chaussettes), un ou pas de soutien-gorge : au milieu des années soixante-dix, la lingerie féminine se résume ainsi à une "*non-lingerie*[21]". En 1974, les sous-vêtements de Miou-Miou, ou leur absence, dans le film de Bertrand Blier *Les Valseuses*, en sont un exemple. Le trousseau, dépositaire d'une féminité organique, maternelle et domestique, a quasiment disparu, victime d'une désaffection, on l'a noté, qui n'a cessé de s'accentuer au fil du siècle. La menace de la grossesse non désirée désormais écartée par la pilule, le tabou des règles désormais pris en charge par la publicité vantant le confort des tampons et serviettes hygiéniques modernes, la femme *d'intérieur* désormais démodée par la femme *active*, l'idée même de trousseau a vécu. Alors qu'elle s'efface de l'horizon féminin, cette culture du trousseau devient d'ailleurs objet de nostalgie, de mode et d'étude. C'est dans ces années qu'Yvonne Verdier entreprend sa longue enquête sur la femme paysanne dans le village bourguignon de Minot, enquête qui aboutira aux pages lumineuses (en particulier sur la culture de la couture) de *Façons de dire, façons de faire*, publié en 1979.

Dans ces années, à la croisée de l'utopie communautaire hippie de retour à la terre et de la nostalgie *rétro* d'un âge d'or pré-industriel (le coton et le lin contre le Nylon), la mode "écolo-romantique", incarnée par les longues robes de Laura Ashley en coton imprimé de petites fleurs, fait sortir des armoires un florilège de chemises brodées, de cache-corsets à guipures et de jupons à dentelles, dessous de grands- ou

d'arrière-grands-mères qui seront portés *dessus* trois ou quatre étés durant. Certains articles de lingerie moderne connaissent alors le même détournement, telles ces "*robes de nuit*" de madame Albert, directrice de la boutique Cléo à Courtrai en Belgique, robes de nuit que ses clientes portent en été en robes tout court : "*Et je suis sûre que les femmes les ont achetées avec l'idée de les porter dans la rue*", assure la commerçante en février 1976 au magazine *Créations Lingerie*.

Aux robes de Laura Ashley, aux analyses d'Yvonne Verdier, on pourrait enfin ajouter les mélopées lyriques qu'inspirent à Chantal Chawaf en 1977, dans *Le Soleil et la terre*, le trousseau, la broderie, la dentelle et le linge de corps féminin, comme un écho, par-delà le siècle, aux envolées du *Bonheur des dames*. Écrivain sorti du giron des Éditions des Femmes, Chantal Chawaf y chante un linge gardien d'une féminité physiologique, nourricière, archaïque : la chair y respire, le sang y circule et y coule, la peau y vibre, le lait y enfle les seins. Mais son chant est celui d'un trousseau désenchanté. Ses élégies lingères sont elles aussi nostalgiques, habitées par le sentiment que ni cette féminité ni le trousseau qui en était l'hôte n'ont de place dans la société moderne, comme si le corps féminin, réduit au rang de "*marchandise*" par les "*lois d'airain de la massification et de la valeur d'échange*", pour reprendre le vocabulaire de Giorgio Agamben, était privé de son "*destin biologique*" et de sa "*biographie individuelle*"[22].

Ci-dessus : *Punch*, le nouveau soutien-gorge de Huit, à bonnets moulés en jersey Lycra et à bretelles réglables, en 1970. "*Sans pinces, sans couture, sans fermeture, sans tralala*", explique sa publicité, "*il est tout souple, tout transparent, insoupçonnable*". **Page de droite :** Affiche publicitaire, 1974.

Une incrustation de dentelle sur du satin ivoire, le plissé soleil d'un saut-de-lit en mousseline : à quoi "*ces choses froissables et douces*" serviraient-elles aujourd'hui ? se demande Chantal Chawaf. "*De notre féminité*, ajoute-t-elle, *ne peuvent plus nous parvenir que des parures inanimées, vidées de vie, vidées de souffle parce que leur ont été retirés le corps, les sensations, la femme, parce que ne subsiste plus qu'un portrait sans visage, que des articles de luxe, que ce rose, ce crème, ce blanc réunis dans les rayons de ce grand magasin où ma fille et moi nous errons à tâtons (...) parmi les ruchés de taffetas, les tabliers blancs à bavette, les robes travaillées de fronces, les blouses de ménage en vichy rose, les transparences où se sentir gainée, les décolletés en dentelle de tulle (...), les dessous de robe garnis d'ajourés et de plis lingerie, (...) nous errons parmi toutes ces naïves et frivoles mises en valeur du corps et de la lumière, parmi ces traces palpables de l'impalpable, parmi tous ces cruels rappels d'une autre perte, d'un autre manque... car même si nous pouvions emporter chez nous toutes ces coûteuses marchandises, toute cette lingerie, toutes ces dentelles, toute cette fascination, nous n'aurions, au terme de nos gestes, qu'à nous dire : "À quoi bon ?... à quoi bon ?...*[23]"

outien

LES TENTATIONS DE LA NOUVELLE ÈVE

Chantal Thomass : *Il y a des gens qui ont dit :*
Ce sont des dessous de putes. Ce n'est pas vrai.
Gérard Depardieu : *Oh ! Qui a dit ça ?*
La Mode en peinture, hiver 1982-1983.

Passive, elle est pensive,
En négligé de soie.
CAROLINE LOEB, *C'est la ouate*, chanson, 1986.

Chassé du trousseau désenchanté, l'érotisme, du moins ce qu'il en reste ou ce qui y prétend, a trouvé refuge, en ce milieu des années soixante-dix, dans les photos-posters, aux lolitas romantiques et vaporeuses, de David Hamilton, dans les pages de la presse de charme masculine, habitées par des nymphettes nues sous leurs chemises d'hommes déboutonnées, ou dans des films au succès inattendu, comme en 1973 *Emmanuelle* de Just Jaeckin, avec Sylvia Kristel, première vedette du cinéma *porno* à jouir de la célébrité auprès du grand public[1].

Plus qu'à l'érotisme et à ses *mezzo voce* suggestifs, le climat est en fait à la pornographie et à ses vues de détails hyperréalistes : aux *peep-shows* des voyeurs, aux revues *vulvaires* qui se multiplient et se livrent, dans la surenchère, à une pédagogie obscène de l'anatomie intime féminine, miroirs déformants des débats féministes de l'époque sur l'orgasme clitoridien et l'orgasme vaginal[2]. Le magazine *Penthouse* tient son succès d'être plus *hot* (le mot se popularise) que son frère ennemi et aîné *Playboy*. La censure et le législateur enregistrent cette poussée. Aux États-Unis est publié dans une édition illustrée et de poche le volumineux rapport commandé par le Congrès américain à la Commission sur l'obscénité et la pornographie et présenté en 1970 au Président Richard Nixon[3]. En France, en 1975, la loi définit une nouvelle catégorie d'œuvres cinématographiques : les films classés *X*. Seuls, les *sex-shops* (mot lui aussi d'usage récent) de la rue Saint-Denis et les boutiques spécialisées de Pigalle offrent

encore les parures affriolantes, rouges, noires, parme, qui ont enluminé, telles des tenues de cérémonies, l'apprentissage sexuel des hommes (une part d'entre eux du moins) qui avaient vingt ans après guerre ou dans les années cinquante. “*Ça vous marque ces dessous féminins qui vous ensorcellent dans votre jeunesse,* confesse Alphonse Boudard,... *ces fanfreluches roses, noires... ces guipures... on y reste attaché malgré soi... on en fait une fixation... D'où cette réelle difficulté pour les hommes de ma génération de s'habituer aux collants, aux jeans... aux sapes sans aucune fioriture... de grosse toile... masculines carrément*[4].”

C'est en partie de ces sex-shops, sanctuaires de la littérature *porno* et des panoplies sadomasochistes – avec lesquels flirtent alors le rock décadent et le *glamrock* (les New York Dolls ou les Stooges, par exemple) – que les dessous vont entreprendre leur reconquête de la lingerie féminine. À Londres, le mouvement *punk*, autour de *Sex*, la boutique ouverte en 1974 par Vivienne Westwood et Malcolm McLaren (le manager des Sex Pistols), puise dans le répertoire du *red light district* londonien : bas résilles déchirés (que reprendra Madonna en 1985 pour la tournée de *Like a Virgin*), porte-jarretelles, jupons en tulle, minijupes en cuir ou skaï noir, talons aiguilles, voire mitaines de dentelles. À Paris, en 1976, c'est de Pigalle que Chantal Thomass, qui s'inspirera à la fois de l'album coquin de la lingerie 1900 et du *glamour* hollywoodien des années quarante, rapporte “*des trucs drôles, sexy, cheap, qu'on ne trouvait pas ailleurs*”. Dans sa nouvelle boutique de la rue Madame, elle leur confère la “*légitimité*” qui leur manque en les taillant “*dans de jolies matières*”[5].

Ci-dessus : Le mannequin Rosemary MacGrotha, Dim, 1984 : une des premières publicités de la décennie à célébrer les poitrines généreuses.
Page de droite : Le porte-jarretelle, symbole éphémère de la mode *sexy* du début des années quatre-vingt. En 1984, il donnera son nom au film de Virginie Thévenet sur le Paris nocturne et *branché* de cette période, *La Nuit porte-jarretelles*.
Page précédente : Catherine Deneuve en combinaison-caraco ou *combinette*, *Égoïste*, n° 9, 1985.

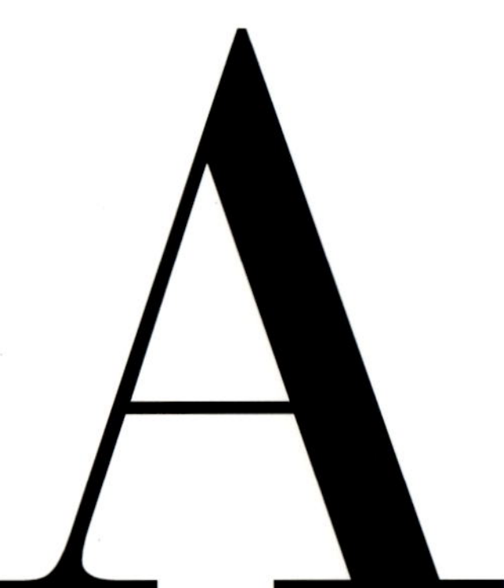ntidote à la “*non-lingerie*” fonctionnelle[6], la vocation courtisane des dessous féminins, ce qu'on pourrait appeler leur imaginaire prostitutionnel, retrouve ainsi droit de cité, sous une forme dérisoire et désespérée dans le mouvement punk, provocatrice et mutine chez la styliste française. Chantal Thomass est portée par une nouvelle mondanité parisienne, dévergondée, marginale, hédoniste, qui a ses lieux de rendez-vous nocturnes (la brasserie *La Coupole*, le 7, boîte de la rue Sainte-Anne, *La Main bleue*, discothèque de Montreuil, etc.) et ses célébrités inconnues du grand public (Thierry Mugler, Claude Montana, Jean-Paul Gaultier, Adeline André, Paquita, Djemila, Edwige Grüss, Alain Pacadis, chroniqueur à *Façade* et à *Libération*, etc.). Ouvert en 1978, en pleine euphorie *disco*, dans un ancien music-hall construit à l'italienne, l'établissement de nuit *Le Palace* sera le théâtre d'opérations de cette mondanité insouciante, friande de *fêtes* (mot phare de l'époque), de modes et de travestissements, de jeux sur les fictions de l'apparence (on parlera bientôt de *look*), de manipulations et de détournements ironiques des

Ci-dessous : Combinaison de dessus de Renata, une des premières stylistes du *dessous dessus* ou *dessous de jour*, dans les années soixante-dix. Le *tee-shirt* a alors envahi les garde-robes, dessus ou dessous. “*Nous partons en août (...). J'emporte des jeans et des tee-shirts blancs qui me servent aussi de chemises de nuit*”, déclare la chanteuse Françoise Hardy à *Façade*, n° 9, été 1980.
Page de droite : Petite culotte-boxer short en soie, à la mode autour de 1980.
Pages précédentes : Guêpières et bas Dior. Publicité pour le parfum *Caron* parue dans *Vogue*, en décembre 1978.

codes vestimentaires féminins et masculins, alors que décline la cause féministe et s'affirme le mouvement homosexuel sous la bannière *gay* (le terme vient de franchir l'Atlantique)[7].

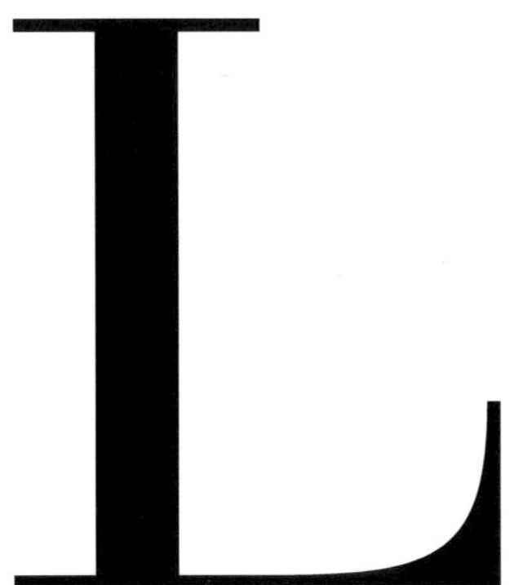

La guêpière, les porte-jarretelles, les bas à dentelles de Chantal Thomass portent cette touche de provocation sans laquelle l'époque n'imagine pas de séduction. “*Chui une vedette dans mon genre*, confesse avec une sorte d'ingénuité postféministe Evane Hanska en 1981 dans *J'arrête pas de t'aimer. En coulisses vas-y lulu porte-jarretelles et dessous sexy-folies. Ce que j'aurais aimé jouer au kino à part infirmière et bonne sœur c'est la salope de saloon en guêpière et bas noirs*[8].” Sous leur jupe de cuir, sous leur tailleur moulant (parfois de chez Mugler, plus souvent des Puces ou des boutiques de fripes des Halles), les jeunes Parisiennes *branchées* (autre mot de passe d'une décennie à l'autre) prennent aussi plaisir – plaisir du second degré, posture alors à la mode – à s'approprier la lingerie *sexy* de la femme-objet tant dénoncée au cours des années écoulées. À travers les manœuvres de ce second degré, parodies de celles de l'*allumeuse*, à travers cette “*lingerie-spectacle*[9]”, retrouvent-elles le jeu traditionnel de la parure, du désir et de la dérobade (ou de la feinte de la dérobade) analysé par Georges Bataille ? Certains en doutent. Jean Baudrillard ne voit dans ce “*look érotique*” qu'un ironique “*jeu de simulacres*” d'où a disparu tout cérémonial, une simple “*irruption de l'érotique dans les apparences, l'érotique comme effet spécial au niveau de la mode*”, sans commune mesure, selon lui, avec le dernier réel “*événement dans l'histoire des mœurs*” envisagée sous cet angle, la minijupe[10].

Autre facette de cette conversion, la presse féminine, plus terre à terre, s'inquiète de la débandade que provoquerait dans les rangs masculins le nouveau modèle médiatique féminin : celui de la *superwoman*, belle, intelligente et carriériste, montant, en tailleur à *paddings* (de chez Anne-Marie Beretta ou Junko Shimada par exemple), à l'assaut des positions de pouvoir jusque-là réservées aux hommes. *F. Magazine* dépeint ainsi des hommes “*incapables de soutenir un rapport de force*” avec les femmes modernes, “*indécis, diminués dans leur sexualité, à la limite du statut androgyne*”. Bas noirs, guêpières, porte-jarretelles : pour retrouver des hommes qui *assurent*, l'heure serait donc venue de sortir à nouveau *le grand jeu*. *Marie Claire* ouvre ses colonnes au courrier d'une lectrice, prostituée de profession, dont les recommandations aux épouses sont sans détour : mesdames, si vous ne satisfaites pas aux fantasmes de vos maris, ils pourraient aller chercher leur plaisir “*ailleurs*”[11].

Ce climat explique à la fois, en 1982, la campagne publicitaire de la marque de lingerie Aubade – à l'accroche explicite : *Aubade pour un homme* – et l'ire qu'elle provoqua chez Yvette Roudy, ministre déléguée

Ci-dessus et page de droite : Dentelle et Lycra : collant et soutien-gorge (ci-dessus) ; body, 1985 (à droite). Pour ses premières lingeries, Chantal Thomass utilise de la soie chaîne et trame. En 1979, ses collants dentelles sont en Raschel, seule dentelle élastique alors : mais ils pochent aux genoux. Dans les années quatre-vingt, grâce au Lycra, les effets se multiplient, sans risque : résilles, chaînettes, dentelles, brodés, crochets, broderies, smocks, rayures, vraie ou fausse couture de bas. **Pages précédentes :** *Marie Claire* Espagne, 1989.

des droits de la femme du gouvernement socialiste. Dans l'une des déclinaisons de cette campagne n'est montré de cet homme en costume sombre et chemise blanche à boutons de manchettes que sa main : main virile, posée sur la cuisse légèrement relevée d'une jeune femme dont le haut du visage et le bas des jambes sont coupés. À demi allongée, le buste incliné en arrière, appuyée sur un coude, elle est parée comme pour une cérémonie amoureuse : en soutien-gorge, bas et string-porte-jarretelles d'une blancheur nuptiale, et est élégamment accessoirisée de pendentifs et d'un bracelet de perles, bouche et ongles faits, sans doute au rouge. Sa main est posée sur la main de son conquérant et semble la presser comme pour un encouragement, un consentement. *La maman ou la putain, ça suffit !* déclarera en substance Yvette Roudy, excédée par l'exploitation publicitaire de la classique double figure féminine[12]. Aux États-Unis, en 1991, faisant le bilan de la décennie achevée, la journaliste Susan Faludi verra à son tour dans la résurgence des guêpières, des tailles étranglées et des balconnets pigeonnants, une restauration sexiste, un retour de bâton antiféministe. Comme la ligne Corolle de Christian Dior réhabilitant après guerre une image réactionnaire de la femme, les falbalas de Christian Lacroix incarneraient ainsi, sous le masque de leur "*ultraféminité*", "*une tentative de reprise de contrôle des femmes libérées*", une "*revanche vestimentaire*" visant à en faire des poupées. Le renouveau de la lingerie, illustré aux États-Unis par le succès de la chaîne Victoria's Secret, serait la face intime de cette revanche[13].

En France, où le commerce entre hommes et femmes est un des plaisirs de la vie sociale et une constante de la météorologie culturelle nationale, cette vision conflictuelle n'aura qu'un faible écho. La nouvelle lingerie de charme n'en est pas moins au cœur d'un réseau de tensions dont les deux pôles sont bien masculin et féminin : entre les deux genres en crise, la mode des années quatre-vingt joue les apprenties sorcières et les mères maquerelles. Comme dans les exercices de style de Jean-Paul Gaultier, parant femmes et hommes de ses seins-obus de velours, elle trafique, maquille, maquignonne, spécule sur les clichés vestimentaires propres à chaque sexe, au contraire de l'*unisexe* des années soixante-dix qui niait l'énigme de leur différence.

Le petit langage du temps est au diapason de ces spéculations. Dans les années soixante-dix, *nana* avait envahi les rues et les têtes. Les années quatre-vingt réhabilitent, elles, le mot *fille* et le mot *garçon*, comme pour redonner à la distinction des sexes l'évidence d'un acte de naissance : illusion fragile dont on entend le babil dans les chansons d'une micro-génération – Lio, Eli Medeiros, Étienne Daho. *Les filles, les garçons* : cette manière de s'interpeller, chaque sexe dans son camp, gagnera bientôt trentenaires et quadragénaires en quête d'un paradis perdu. À côté de *fille*, d'autres mots, la plupart vieux routiers du parler masculin ordinaire, connaîtront de minuscules moments d'engouement, pour le *fun*, dit-on alors, mais toujours pour souligner la distinction séparatrice et réparatrice. Ainsi en est-il allé de *gazelle*, *caille*, *loute*, *lady*,

mais aussi de *pouf*, *pouffiasse*, *pétasse*, ou encore de *gonzesse*, *souris*, *poulette*, *sauterelle*, références aux *polars* et aux films noirs des années cinquante dont la *p'tite pépée* et même la simple *pépée* seront les laissées-pour-compte[14]. À la même époque, à Pigalle, les noctambules *branchés* découvriront, pour y organiser leurs nuits à thèmes, la décoration de bonbonnière d'un établissement nocturne de ces mêmes années cinquante, au nom prémonitoire : *La Nouvelle Ève*. C'est cette nouvelle Ève que la mode s'emploie à parer de dessous *chic* et *chocs*, mots scies de la décennie.

LES TIROIRS DE PANDORA

Les dessous chic
C'est ne rien dévoiler du tout
Se dire que lorsqu'on est à bout
C'est tabou.

Les dessous chic
C'est une jarretelle qui claque
Dans la tête comme une paire de claques.

Les dessous chic
Ce sont des contrats résiliés
Qui comme des bas résillés
Ont filé.

Les dessous chic
C'est la pudeur des sentiments
Maquillée outrageusement
Rouge sang.

Les dessous chic
C'est se garder au fond de soi
Fragile comme un peu de soie.

Les dessous chic
C'est des dentelles et des rubans
D'amertume sur un paravent.
Désolant.
(Bis)

Les dessous chic
Ce serait comme un talon aiguille
Qui transpercerait le cœur des filles.

SERGE GAINSBOURG,
Les dessous chic, chanson, 1983.

Ci-dessous :
Publicité pour les collants *Diam's* de Dim, en Lycra guipé (recouvert d'un fil non élastique), ici à "*brillance opaque sans démarcation*" : les collants à la mode sont brillants, moirés, voire nacrés, 1988.
Page de droite :
Soutien-gorge, slip et porte-jarretelles, 1978.

En 1983, la chanson de Serge Gainsbourg, interprétée par Jane Birkin, fait mouche. Elle griffe avec mélancolie les états d'âme d'une génération de consommatrices, jeunes et plutôt aisées, qui ont repris le chemin des boutiques de lingerie fine et de frivolités délaissées par leurs aînées. Si Chantal Thomass fait figure de Grande Mademoiselle du dessous *sexy*, d'autres noms, d'autres boutiques-boudoirs incarnent le retour de cette féminité polissonne, qui frissonne (ou feint de frissonner) au contact intime de la soie, du satin, de la dentelle, de la résille : *Les Folies d'Élodie*, qui ouvre en 1974, *Sabbia Rosa*, en 1976, rue des Saints-Pères (en face des Éditions des Femmes, souligne-t-on régulièrement), *Pascale Madonna*, *Capucine Puerari*, *L'Indiscrète*, etc. Vue de ces avant-postes, la chronique lingère de la décennie a l'allure d'un bulletin de victoire.

Si la guêpière et le porte-jarretelles ont donné le ton, ils restent néanmoins le privilège de caprices encore luxueux. Le porte-jarretelles verra sa

Page de droite :
Bas noirs et guêpière à jarretelles, 1983.
La lingerie *sexy* des années quatre-vingt ressuscite une panoplie caricaturale, disparue des garde-robes depuis les années soixante. Durant les années soixante-dix, *sex-shops*, revues et spectacles de travestis seront les conservateurs de cette "*lingerie de figuration*" qu'en 1974 le n° 4 de *Cosmopolitan* suggère de pendre dans la salle de bains pour impressionner l'amant de passage : "*culotte, porte-jarretelles et soutien-gorge pigeonnant à acheter de préférence noir avec des incrustations de dentelle chair ou même rouge, avec plein de volants et de rubans, que vous ne porterez jamais mais que vous étendrez, bien en évidence sur un cintre de velours rose ou violet, une fois pour toutes (...) afin que le monsieur puisse l'admirer en pensant à vous pendant que vous naviguerez à l'aise dans vos dessous chiffon tout confort.*" (Cité par Anne-Marie Dardigna, *Femmes-femmes sur papier glacé*, Paris, 1974.)

nouvelle carrière abrégée en 1986 par le succès des bas qui tiennent tout seuls sur la cuisse, avec à leur tête les Dim Up. À côté de ces anciennes pièces, de nouvelles aux noms nouveaux donnent à la lingerie et à son vocabulaire le poinçon, le pincement d'excitation qu'ils avaient perdus. Lancée en 1980 par Triumph, l'infatigable culotte Sloggi en fil de Lycra guipé (enroulé d'un fil de coton) fait certes une quasi-unanimité (une princesse du Qatar en commanderait trois cents chaque année[15]), mais elle n'a en rien l'*appeal* du petit bataillon de slips *sexy* qui vont désormais porter haut la cuisse et se révéler d'efficaces auxiliaires de la fesse et de la cambrure : le *tanga*, le *brésilien* et, un peu plus ancien, le *string*.

Slip ficelle échappé, dès les années soixante-dix, des music-halls et des cabarets (en particulier du *Crazy Horse Saloon*), d'une invisibilité idéale sous tout ce qui moule (pantalon ou robe-gant de maille *acétate* d'Azzedine Alaïa), le string connaîtra une popularité inversement proportionnelle à sa minceur. Très vite, son pouvoir de conviction lui vaut les honneurs de la littérature. En 1979, dans *Bloody Mary*, Jean Vautrin décrit (description sans doute empruntée à un catalogue ou à une étiquette) le modèle "*vert lagon, doux comme la peau, climatisant, absorbant et très échancré*" qui attend son heure dans le tiroir de la blonde Victoire, petite shampouineuse de Sarcelles, aux côtés d'"*un soutien-nibards Peau d'Ange, 15 pour 100 élasthane et sans la moindre armature*", et de "*modèles superlook avec dos réglable*", comme les voulait l'époque[16].

À la même période sont apparues ce que *Marie Claire* baptise en février 1979 *les nouvelles petites "combines"* : coordonnés de combinaisons courtes, s'arrêtant aux hanches, et de culottes flottantes cousines du *boxer-short*, en soie, en Lycra, en tissu façonné, gansées de dentelles, à ourlets roulottés pour les plus précieuses, noir, blanc, nacre, ivoire, rose. Baptisés aussi *combinettes*, les hauts de ces ensembles feront leur propre carrière, consacrés par la mode sous le nom de *caracos*. Venu du XVIIIe siècle où il désignait, sous la forme d'une petite veste ajustée à la taille et à manches étroites, "*une toilette du matin ou du soir pour prendre l'air ou se montrer en public quand il est trop tôt pour s'habiller*[17]", le mot *caraco* a traversé le XIXe siècle avec l'allure d'un "*corsage*", si l'on en croit Littré, "*plus ou moins ajusté*" et "*plus ou moins long*". Discret sinon oublié ensuite, il refait surface, en sous-vêtement, à l'entrée des années quatre-vingt, écho lointain des boudoirs de l'imagerie libertine du XVIIIe siècle, fixant, par le charme de ses consonances énigmatiques, la sensualité légère, caressante, à peine frivole, de la pièce de soie aux fines attaches posées sur les épaules qu'il sera dorénavant.

LES ANNÉES 90 B

Attention, en avant toutes !
Mademoiselle, avril 1988.

I'm a Barbie girl
In a Barbie world
AQUA, *Barbie Girl*, chanson, 1997.

Des baskets à plateformes qui lui font d'interminables jambes, un pantalon *trompette* (parfois une minijupe) serrant ses fesses cambrées qui rebondissent, un petit blouson en molleton à capuche s'ouvrant sur un buste court, fier de ses seins haut placés sous un tee-shirt ou un maillot moulant laissant le nombril à l'air : telle est la Betty Boop des années quatre-vingt-dix, la petite *meuf canon*, la *bebom* qui fait rêver en verlan une partie de la décennie. Elle pourrait être créature de *manga* japonais, héroïne de PlayStation, telle Lara Kroft. Elle pourrait être Spice Girl, une des cinq jeunes chanteuses anglaises qui, deux ans durant, enflamment les cours d'école et partagent avec les *boys bands* le cœur des fillettes à peine sorties de leur vénération pour la poupée Barbie. Elle fait école dans les cités de banlieue, dans les *quartiers* défavorisés dont les groupes de rap tiennent la chronique rageuse. Ses élèves les plus appliquées sont les adolescentes de la deuxième génération d'immigrés, *blacks* et *beurs* notamment, ou leurs rivales blanches, les *babtous* des centres-villes[1].

Dans les années cinquante, âge de la *pin up* et de la démocratisation de l'automobile, avaient fleuri les métaphores masculines empruntées au monde des garages pour parler des femmes joliment *carrossées* ou dotées d'un beau *châssis*. Une jupe d'été un peu volantée, soulevée par le vent comme celle de Marilyn Monroe au-dessus d'une bouche de métro dans *Sept ans de réflexion* en 1955, pouvait à son tour soulever cette verve mécanicienne. On disait par exemple : *Baisse le capot, on voit le*

moteur[2] *!* En 1963, Alphonse Boudard parle des "*pare-chocs du soutien-gorge*[3]". Trente ans plus tard, avec l'entrée des coussins d'air de sécurité dans les habitacles des voitures, c'est au volume, à la forme, à la texture de ses *airbags* que s'apprécient les seins d'une *meuf* dans les cités. La fille maigre, sans poitrine, est renvoyée à la platitude d'un *fax* ou d'un bâton de poisson surgelé, d'un *Findus*, du nom d'une marque de produits froids[4].

A ce rehaussement canonique de la poitrine, au regain d'éloquence qui le redouble, correspond un modèle emblématique de soutien-gorge : le Wonderbra. Le Wonderbra a été conçu, à l'époque sans succès, par la marque Canadelle à l'aube des années soixante-dix. Dès sa relance par Playtex quelque vingt ans plus tard, son nom, son pouvoir remontant, sa capacité à faire généreusement pigeonner les seins au balcon du buste, vont faire merveille. Un an après son arrivée en France à l'été 1993, il s'en vend environ 8 000 par jour, à 242 francs en dentelle et 199 francs en coton, là où on n'escomptait guère en écouler plus de 2 500 : au total, 1 600 000 pièces sont vendues en 1994[5]. Au cours des années quatre-vingt, les soutiens-gorge armaturés, aux corbeilles aguicheuses ou aux balconnets coquins, avaient eu raison du modèle quasi invisible, sans armature, à bonnet préformé, hérité de l'après-68. Avec le Wonderbra s'impose la génération des soutiens-gorge *ampliformes*, à coussinets, dite parfois *génération des up*, qui exhausse des poitrines sûres de leur fait et décidées à mener le jeu de la séduction. "*Regardez-moi dans les yeux... j'ai dit dans les yeux*", ordonne en 1994 le mannequin Eva Herzigova dans une publicité pour Wonderbra, preuve vivante des vertus du célèbre soutien-gorge. "*Il est étonnant que (...) vingt-cinq ans après que les femmes ont brûlé leur soutien-gorge pour manifester leur libération, elles retournent à l'état de pin up carrossées*, commente, cette même année, *Libération. La différence, c'est qu'elles le font sans que ce soit imposé. Les feux de joie de soutien-gorge leur ont permis de porter des dessous confortables en coton, voire pas de dessous du tout. Aujourd'hui, les femmes ont le choix : pin up d'Aslan (le dessinateur fétiche de* Lui*) un jour, Petit Bateau le lendemain. S'habiller en garçon, tout en portant ostensiblement un trompe-couillon, histoire de signifier sa condition de bombe sexuelle. Prête à exploser à la figure des mâles, juste pour rire*[6]."

À l'entrée de la décennie, en remplaçant la longue Inès de la Fressange par la pulpeuse Claudia Schiffer pour incarner la *femme Chanel*, Karl Lagerfeld avait consacré dans la mode institutionnelle ce changement de canons. Mais c'est Azzedine Alaïa qui lui donne sa formulation la plus sophistiquée et *sexy*, artisan-gantier d'un corps féminin dont il ne cesse de polir, d'assouplir et d'érotiser les galbes. De ce renouveau des gorges et de leurs soutiens, on trouve la trace jusque dans la silhouette de la bouteille de Cola lancée par la marque Virgin en 1994, inspirée de la populaire académie de Pamela Anderson, vedette du feuilleton américain *Alerte à Malibu*. Pour expliquer ce renouveau, ici on avance une loi sociologique selon laquelle les courbes féminines

Ci-dessous : Coordonné fleuri de Princesse Tam-Tam, 1997. Cette marque créée en 1985 tient son nom d'un film de 1935 avec Joséphine Baker. Comme dans les années soixante, la lingerie des années quatre-vingt adopte couleurs et imprimés, en particulier pour les adolescentes, même si le blanc demeure la couleur la plus vendue.
Page de droite : Modèles de la marque américaine Victoria's Secrets (1998), créée dans les années quatre-vingt, aujourd'hui à la tête de plus de deux cents boutiques.
Page précédente : Soutien-gorge à armatures et corbeilles, 1991. Illustratif du renouveau de la poitrine dans la mode, ce modèle annonce l'ère du Wonderbra, chef de file des soutiens-gorge *ampliformes* qui domineront le cœur de la décennie.

évolueraient à rebours des courbes économiques : poitrines plates en période de prospérité (les années vingt, les années soixante-soixante-quinze), poitrines prospères en période plate ou de crise (les années trente, cinquante et quatre-vingt-quatre-vingt-dix). Là, on invoque la mue des "*jeunes filles en fleurs*", devenues "*belles plantes*" sous l'effet du sport, d'une alimentation et d'une hygiène meilleures, mais aussi de la pilule. *Slim back, big cups*, dit la formule : "*petit dos, gros bonnets*[7]". Les 85 B seraient désormais détrônés par les 90 B, voire C[8]. En 1995, la comédienne Valérie Lemercier mettra même en chanson un 95 C, petite chronique d'une vie de *fille* racontée à travers ses mensurations dans un elliptique aperçu de l'histoire des dessous féminins depuis 1980 :

80 CT
Les soirées plateau télé/Dans mon grand tee-shirt Mickey
J'étais encore un bébé
85 G
Pas très envie d'en parler/Les Treets cachés sous mes draps
C'était vraiment l'âge ingrat
90 A
Fait frémir la femme en moi/Les caleçons donnaient le la
C'était les années Lycra (...)
95 C
Plus la peine de s'effacer/Ma croissance est terminée
Pour moi tout peut commencer
C'est l'année des bonnets C
Des toujours et des je t'aime/Et moi j'écoute Boney M

Ci-dessous : Joseph Corre, fils de Vivienne Westwood et Malcolm McLaren, à l'intérieur de sa boutique de lingerie de charme *Agent Provocateur*, à Londres en 1998.
Page de droite : Soutien-gorge et *panty-short* d'Azzedine Alaïa, 1992. Ces dessous en coton peuvent être portés indifféremment comme dessous et comme dessus.
Pages précédentes : Le corset comme vêtement. À gauche, modèle de Thierry Mugler, 1998. À droite, corset dit "*anti-pigeonnant*", en taffetas et matière gainante, de la collection "Les rabbins chic" de Jean-Paul Gaultier, automne-hiver 1993-1994.

Cet exhaussement de la poitrine ne vient pas seul. Depuis les années quatre-vingt, la chirurgie plastique fait prospérer les formes : liposuccions des graisses à la taille, au ventre, aux cuisses, injections de silicones dans les seins. Les modes gymnastiques se succèdent : *aérobic*, *bodybuiding*, *Stairmaster*, etc. Avec les années quatre-vingt-dix, une nouvelle variété de slips et de collants, dits *push-up*, *remonte-fesses*, *ventre-plat* ou *gainants*, prennent en partie le relais, prothèses plus ou moins bon marché d'une lingerie *sculpturale* qui ambitionne de refaçonner la silhouette. Dans certains défilés de mode, ceux de Vivienne Westwood par exemple, ce retour à des sous-vêtements à prétention de prothèse, de contention ou de maintien sert une célébration historiciste des poufs, tournures et faux culs des XVIIIe et XIXe siècles. Mousquetaire du *hard glamour*, John Galliano en appelle, lui, aux années cinquante, "*dernière période où les vêtements étaient encore véritablement construits*". Ses modèles sont censés "*encenser la féminité*" et faire "*vibrer une corde chez les femmes à qui l'on n'a offert que des vêtements déconstruits et asexués*" – allusion aux Japonais Yohji Yamamoto et Rei Kawakubo (Comme des Garçons), *créateurs* pour *intellos* (les deux mots font fuir) qui ont conquis leur notoriété de "déconstructeurs" du vêtement occidental au début de la décennie précédente[9].

Ouverte en 1994 à Soho, à Londres, la boutique de frivolités de Joseph Corre, fils de Vivienne Westwood et de Malcolm McLaren, est, dans l'univers de la lingerie de

Collants de maintien
de la marque Wolford,
catalogue 1997-1998.
Ci-contre :
*"Synergy, collant gainant
semi-opaque."*
Page de droite :
*"Synergy Controlling
Body-Culture"*,
collant *ventre-plat
"qui affine la silhouette"*.

Ci-dessous : Soutien-gorge balconnet et boxer short, Kookaï, 1997. Dans les années quatre-vingt-dix, les marques de prêt-à-porter annexent les dessous, nouveaux vecteurs de modes.
Page de droite : Le mannequin Stella Tennant. *“En Angleterre, on les appelle les* “waifs”, *(…) les “enfants abandonnées”*, lit-on dans *Elle*, le 11 novembre 1996. *Elles ont le regard vide, les hanches creuses et les bras décharnées. (…) Avec Kate Moss (1,70 m, 44 kg), Trish Goff (1,75 m, 47 kg), (…) ou Stella Tennant (1, 83 m, 50 kg), la mode change de mensurations. (…). Après les Claudia Schiffer (…), place aux filles rongées par la pollution, la drogue et la violence. Même Eva Herzigova, la pulpeuse miss Wonderbra, sacrifie ses rondeurs.”* Phénomène ponctuel, commentent nombre d'observateurs dans le même numéro.

mode, à l'extrême pointe de cette tendance : *“sexy”* et *“trash”*, dit *L'Événement du jeudi*. Dans sa vitrine-boudoir, petit théâtre fantasmatique entre bordel et musée, digne des tableaux vivants de madame Tussaud, *“des mannequins de celluloïd aux poses suggestives arborent cuir, tissu panthère, transparence et fanfreluches*[10]*”*. À la fin des années cinquante, la lingerie de la marque Star se présentait dans ses réclames comme l'*“agent secret”* du charme féminin, conformément à la mission clandestine, de coulisses, des dessous des années froides. La boutique de Joseph Corre, elle, a pour nom *Agent Provocateur*, conformément à la vocation désormais publique de ces dessous intimes qui ont cessé d'être des affaires privées.

DESSOUS DESSUS : LA MODE AUX TROUSSES

Héros éphémère de cette restauration, le corset connaît les honneurs des défilés, en particulier pour les tenues de soirée. Pièce la plus diabolisée du costume féminin moderne, forteresse dont la chute est restée dans la mémoire de l'émancipation féminine comme une libération, voire une conquête (sorte d'équivalent vestimentaire du droit de vote), le corset se voit ainsi réhabilité pour enchâsser une autre féminité, nourrie de références sadomasochistes et néopunks. En 1990, Madonna a effectué sa tournée mondiale, *Blond Ambition World Tour*, parée par Jean-Paul Gaultier, en bas résilles noirs, zippée et lacée dans un corset doré à bonnets circulaires. Plus encore que Gaultier qui, dès 1983, s'en est inspiré pour ses robes, Thierry Mugler a fait du corset une fleur fétiche de sa rhétorique *glamour* et *sexy* – en cuir laqué ou plastifié, en tissu métallisé. De Christian Lacroix à Gianni Versace, d'Alexander McQueen *chez* Givenchy à Stella McCartney *chez* Chloé, de Vivienne Westwood à Emanuel Ungaro, de Nina Ricci à Lolita Lempicka ou à Martine Sitbon, ce petit emballement de la mode atteint son apogée en 1997 : *“On se prend pour Cléo de Mérode dans son boudoir, avec corset compris dans le forfait”*, écrit *Le Figaro* à propos de la collection de John Galliano *chez* Dior[11].

“Corset supplice ou délice ?” La presse emboîte le pas. En décembre 1997, une journaliste de *Elle* raconte comment elle a passé une *“journée glamour”* avec un tour de taille réduit à 60 centimètres (contre 77 d'ordinaire) sans tomber *“raide asphyxiée”*. La méthode permettrait de *“sculpter son corps sans anorexie, sans chirurgie esthétique et sans Stairmaster”*. Léonor, Anglaise, la petite trentaine, aurait ramené en deux ans son tour de taille de 63 à 48 centimètres : méthode baptisée à New York *BT*, *body-training*, et à Londres, d'une formule aux accents plus SM, *the torso modification*[12]. Avec le corset ressuscite le personnage oublié du corsetier, telle Poupie Cadolle, gardienne d'une tradition de maintien et de discipline du buste, convaincue que, si *“le collant a fait prendre du ventre”* aux femmes, elles ont néanmoins *“un creux à la taille que n'ont pas les hommes et qui ne demande qu'à se galber*[13]*”*. À côté de cette figure classique du

corsetier, deux autres sont portées par l'écume de la mode : le fétichiste de la taille et le promoteur du corset vêtement. Le Britannique Mr Pearl incarne le premier, lui-même corseté : la rumeur veut qu'il se soit fait ôter quelques côtes pour se doter de ce 42 centimètres de tour de taille que les sceptiques lui contestent. Le "*buste sanglé*" de ce tailleur noir de la collection de Thierry Mugler en janvier 1997, à la "*taille plus fine que celle de Vivien Leigh dans* Autant en emporte le vent, *soit 44 centimètres*", c'est lui, souligne *Le Monde* : travail de "*micro-circonférences venues redresser une mode, ou lui assurer un maintien par temps d'incertitudes*[14]". Hubert Barrère voit, lui, dans les mélanges des nouvelles matières (Tactel, Tencel, Lycra, Stretch) l'avenir du "*corset seconde peau*", porté dessus[15].

Ci-dessus : Bas *stay-up* de La Perla, 1997. **Page de droite :** Guêpière et jupon en soie rose et dentelle noire de Vannina Vesperini, 1998. **Pages suivantes :** À gauche, robe de Dolce & Gabbana, une des marques de prêt-à-porter à avoir le plus exploité, à la fin des années quatre-vingt-dix, le jeu des *dessous dessus*, notamment par des effets de transparence, comme ici. À droite, photo parue dans *Harper's Bazaar* en 1995.

Dans la plupart des défilés, le corset est en effet porté comme un bustier, un haut de robe. Sous-vêtement tombé en désuétude, le voilà vêtement à part entière. Il rejoint la famille de ces dessous délaissés qui, n'étant plus utilisés comme tels et ayant donc perdu leur charge érotique, peuvent changer d'identité et accéder dans les garde-robes à une visibilité de bon aloi sans violer un tabou : ainsi la combinaison de soie de Renata portée en robe dans les années soixante-dix, ainsi la guêpière à petits carreaux noirs et rouges de Chantal Thomass en 1982, portée, comme un gilet d'homme (avec deux poches-montres), sur un fin col roulé noir et sous un tailleur gris[16]. Si ces dessous peuvent passer dessus, c'est parce qu'ils ne le sont plus.

Les *dessous dessus* : au-delà de cette logique classique, la formule, qui a fait fortune depuis le début des années quatre-vingt, est aussi contemporaine d'un ensemble d'événements fragiles à manipuler, rétifs à l'interprétation, qui touchent aux représentations du corps féminin ainsi qu'à celles de ses protections, de ses écrans, de ses écrins. Quel lien, par exemple, entre ces *dessous dessus* et cette autre mode dite des vêtements *anatomiques* ? Ces vêtements font remonter à leur surface le spectre quasi échographique, imprimé, tissé, brodé, d'un corps féminin nu, tantôt entier, tantôt limité aux seins et au pubis, fabriquant ainsi une Ève en trompe-l'œil là où la corseterie et ses reliques, de dessous comme de dessus, la fabriquent en relief[17].

À modes provisoires, questions provisoires, réponses provisoires. Beaucoup de *féminité* après beaucoup de féminisme ? Certes. Jeux de compensation en un temps où la chaîne sexe-sida-mort jette l'effroi et clôt l'ère de la mythique libération sexuelle des années soixante-dix ? Certes encore. Dans cette insistance anatomique à énoncer qu'une femme est une femme, peut-être doit-on aussi deviner une réponse de la mode (elle-même ambiguë et tordue, comme toujours) à un autre traumatisme également formaté par les médias : celui de la procréation artificielle ou déléguée. À côté des industries de la mode, du bien-être, de la cosmétique, de la chirurgie esthétique dont le corps féminin est la matière première, sont apparues des techniques de contrôle, de

Ci-dessus :
Ensemble *Mikonos*, Rosy : soutien-gorge bandeau et tanga en diabolo Tactel, printemps 1998. Le Tactel, appellation déposée par Du Pont de Nemours, est une *microfibre*, la fibre de prédilection de la lingerie *cosmétique* de la fin du siècle, dont la douceur est le nouveau Graal.
Page de droite :
Le mannequin Laëtitia Casta en robe-combinaison de mousseline de soie Agnès B. et culotte polyester Alberta Ferretti, 1997. "*Mademoiselle, votre combinaison dépasse*", fait remarquer Gene Kelly à Françoise Dorléac à peine rencontrée dans *Les Demoiselles de Rochefort*, de Jacques Demy, en 1966. À cette époque, en effet, jamais une combinaison ne devait *dépasser* de la robe. Dans les années quatre-vingt-dix, la combinaison, avec parfois effets de dentelles, n'est plus un sous-vêtement. Elle est devenue robe à part entière.

manipulation, de gestion, bref d'annexion par la médecine du processus organique dont les femmes avaient jusque-là le monopole : la fabrication de la vie humaine. Les *bébés éprouvettes*, les *mères porteuses* louant leur utérus, mais aussi les nouvelles formes d'adoption (en particulier homosexuelles), brouillent-ils la symbolisation multiséculaire de la filiation, de l'identité maternelle et parentale, et la représentation du corps féminin ? Rien n'est moins sûr. Ignorer cependant ces évolutions et les troubles symboliques qu'elles susciteraient, comme les affrontements éthiques qu'elles soulèvent, serait priver l'histoire récente de la lingerie comme de la mode sinon de lumières explicatives, du moins d'un éclairage d'ambiance[18].

La mode enregistre ces séismes, réels ou imaginaires, et brode autour des cicatrices. Ses poupées sont comme celles qu'on fabrique autour du doigt blessé d'un enfant : elles pansent, consolent, distraient, démaillant les histoires individuelles pour les remailler en histoires collectives. Autour de l'avènement d'une maternité réduite à une série de séquences biotechniques, la mode des années quatre-vingt-dix fabriquerait ainsi des poupées parodiques ou détraquées. Gardons deux images. La première jaillit de la collection "Fin de siècle" de Jean-Paul Gaultier au printemps-été 1995. Selon la tradition, les défilés de mode se concluent dans l'apothéose d'une robe de mariée. Ce jour-là, Gaultier lance son héroïne, la blonde Madonna, moulée dans une transparente robe en latex d'inspiration 1930, sainte et putain aux lèvres incarnat, riant aux éclats au milieu des photographes en poussant un landau noir d'autrefois, aux immenses roues, à soufflets et à capote, symptôme caricatural et nostalgique d'une impossible immaculée conception *glamour*. Pour sa collection du printemps-été 1997, Rey Kawakubo (Comme des Garçons) fait défiler, elle, entre horreur et ricanements, des mannequins déformées par des bosses et des boursouflures, proliférant sous leurs robes comme des grossesses nerveuses sur des corps de femmes privées d'organes reproducteurs. "*Si c'était réussi, on pourrait éventuellement y voir une sorte de* Critique de la raison pure *des prothèses et artifices dont la mode use et abuse, de paddings en wonderbra*, commente *Libération*. *Or, c'est au-delà du gênant puisqu'on peut y détecter un curieux fantasme de femme ontologiquement monstrueuse : une fée carabossée, elephant-woman imaginée par un David Lynch en petite forme et ligotée par un Christo peu inspiré. Ces ventres gravides de monstres sont à déconseiller aux femmes enceintes et aux femmes tout court, qui ne vivent pas forcément leur code génétique comme une tare*[19]."

LES NOUVELLES FIBRES DE LA FÉMINITÉ : LA TRANSPARENCE À FLEUR DE PEAU

Plus simplement, la formule *dessous dessus* marque l'entrée de la lingerie dans le monde de la mode. Les deux univers ont pris langue à partir des années quatre-vingt[20]. La lingerie a épousé la logique, les rythmes et le vocabulaire de la mode, même si nombre de ses modèles traversent encore les années sans quasiment se modifier. Après l'éclipse des années soixante-dix, les salons professionnels sont devenus de vastes

hypermarchés de la féminité et de ses mystères. Y alternent *shows* collectifs et mini-défilés sur les stands des marques. Désormais intégrées dans des groupes aux stratégies mondiales, ces marques débauchent des *top models* médiatiques et coûteux qui, de leur côté, n'estiment plus déchoir en défilant pour des marques de sous-vêtements. Calvin Klein *underwear* invite journalistes et acheteurs professionnels à "*rencontrer*" Christy Turlington au Salon international de la lingerie à Paris, le samedi 24 janvier 1998, entre 10 heures 30 et 11 heures 30[21]. En février 1998, avant-goût de la Saint-Valentin, Victoria's Secret convoque le gotha des *tops* pour présenter ses parures sulfureuses à l'hôtel *Plaza* de New York : Karen Mulder en nuisette *sexy*, Heidi Klum en soutien-gorge pigeonnant, Naomi Campbell, *la belle d'ébène*, en slip panthère ou encore Laëtitia Casta en string sous une transparente combinaison-soutien-gorge *baby doll* noire, à bonnets rebrodés de fleurettes or. Plus modestement, dans le catalogue printemps-été 1998 de *La Redoute*, à la page intitulée *Les préférés d'Ophélie*, la chanteuse actrice mannequin Ophélie Winter se fait "*l'ambassadrice de charme de la ligne confort Valclub, pour une femme naturelle aux rondeurs mises en beauté*".

A l'école du marketing, produits, lignes et collections se sont diversifiés en autant de marchés circonscrits, de besoins détectés, d'envies pressenties, de fantasmes en attente. La lingerie pour adolescentes et "*jeunes adultes*" en est un exemple[22]. Dans *Les Amants foudroyés*, Evane Hanska a retracé le chemin des écolières de la banlieue des années soixante-dix, s'initiant aux mystères sous-vestimentaires sous le chaperonnage coquin de la culotte Petit Bateau, prélude à la découverte du string. "*Toute banlieusarde qui se respecte a porté ces naïfs sous-vêtements*, raconte-t-elle. *Avant de passer au string Nylon, les petites des HLM rangent leurs fesses dans ces pseudos Petit Bateau qui font toujours fantasmer les adeptes des nymphettes. Combien ai-je piqué de ces merveilles dans les grandes surfaces...*[23] *?*" Au mitan des années quatre-vingt-dix, lointaine héritière de la première vague des années soixante et de ses *coordonnés*, la lingerie *ado* compose un bouquet de filles mélangé : filles sportives et nettes, griffées Calvin Klein, Dim, Sloggy ou Fila, en brassière et *shorty* de maille extensible gris chiné, noir ou blanc, à large bande élastique ; filles gaies et colorées en parure de coton Princesse Tam-Tam à imprimé *fleurs* ; filles délicates et rêveuses de Cacharel, sorte d'équivalent en dentelle de l'évanescent *Anaïs Anaïs*, parfum pour adolescentes, de la même marque, qui a fait le tour du monde. Cette lingerie de rite de passage fait florès auprès d'une génération en apprentissage de sa propre féminité, gourmande de frivolités sages, coquettes ou libertines : selon une étude réalisée à partir de 9 000 relevés d'achat, les dépenses de lingerie des 15-24 ans entre septembre 1995 et août 1996 se sont élevées à 815 francs (sur un budget vestimentaire de 4 540 francs), soit 34,3 % de plus que le budget moyen des Françaises[24].

Des collants à effets jarretelles ou jarretières aux tangas à dentelles, des guêpières à transparences aux soutiens-gorge en tulle, la démocratisation de la lingerie fine est

Ci-dessous : Ensemble Dim en polyamide et Lycra, soutien-gorge bandeau et slip coordonné. Réapparu d'abord dans la lingerie sportive, le soutien-gorge *bandeau* connaît à la fin des années quatre-vingt-dix un succès auquel correspond le lent déclin des soutiens-gorge pigeonnants et ampliformes.
Ci-contre : Tatouages de dentelles en trompe-l'œil, culotte et combinaison de Fifi Chachnil. "*Vraie lingerie pour faux tatoo, le jeu délicat des transparences. Sous un voile de mousseline, une fleur troublante s'épanouit en toute intimité*", *Elle*, 16 février 1998.

Ci-dessus :
La lingerie impalpable, sans armatures, en microfibres, "*dernière tendance*" du catalogue de vente par correspondance *Une Femme à Part*, automne-hiver 1998.
Page de droite et pages précédentes :
Christy Turlington pour Calvin Klein *underwear*, 1996. Symbole des noces de la mode et de la lingerie, les *top models*, comme ici Christy Turlington, ne répugnent plus à poser pour des marques de sous-vêtements. Brassières, *hauts* à bretelles, caracos, petits *marcels* ou tee-shirts courts, le plus souvent en coton et microfibre : la lingerie *minimaliste, active*, affichant simplicité fonctionnelle et hygiène sportive, est un des courants majeurs de la seconde moitié de la décennie.

enfin inséparable de la métamorphose de ses matières. À la génération du Nylon a succédé celle du Lycra. Appellation déposée par Du Pont de Nemours en 1958, entré dans les mœurs textiles dès les années soixante, le Lycra est la version la plus populaire d'une fibre élastique synthétique, l'élasthanne. Extensible jusqu'à sept fois sa longueur, doué d'une grande force de retour, il apporte – mélangé à d'autres fibres, naturelles ou synthétiques – élasticité, souplesse et confort aux sous-vêtements, du soutien-gorge aux collants. Ces qualités en ont fait le sésame technique de l'une des utopies vestimentaires du siècle, la *seconde peau*. C'est que, explique une plaquette de Du Pont de Nemours, "*les mouvements les plus simples du corps comme plier les bras ou les jambes nécessitent une extensibilité de la peau de plus de 50 %. Or les tissus qui ne contiennent pas de Lycra ne peuvent s'étirer que de 5 % par leur souplesse ou leur déformation naturelle. Cette différence considérable entre l'élasticité de la peau et celle des tissus traditionnels a pour conséquence un manque de confort pour l'utilisation et une déformation rapide des vêtements*[25]."

De cette utopie, le *body* est la pièce matrice. L'ascension du body, tenue de travail de la danseuse et de la gymnaste, commence dans les années soixante-dix. L'engouement pour l'*aérobic*, le *stretching* et bientôt le *bodybuilding* le propulse dans l'aire de la mode, promesse d'un corps délié, fuselé, maître de lui-même. Au milieu des années quatre-vingt, le body devient un sous-vêtement à part entière, sinon une pièce passe-partout de la garde-robe des femmes. Ce justaucorps moderne parfois porté sans slip, comme cela arrive aussi pour le collant, les gynécologues se plaignent de ses systèmes de fermeture : boutons, pressions ou *scratches*, parfois sources d'irritations. La vie quotidienne des porteuses de body est ainsi semée de minuscules incidents d'entrejambe, tel scratch grattant ou telle pression sautant au moment où il ne faut pas, abandonnant le body à des remontées de chenille désagréables et inesthétiques[26]. Car le haut du body peut tenir lieu de haut tout court, décliné en maillot, en pull collant, en chemise ou, par Jean-Paul Gaultier, en smoking. Du Pont de Nemours parle même de "*bodywear*" pour désigner sa garde-robe hybride, à base de Lycra et de *microfibres*, qui rend floues les frontières entre vêtements de jour et de nuit, un des "*trends*" de 1999 selon la firme[27].

Parmi les innovations textiles nées dans le sillage de la seconde peau (fonctions UV-bloquantes ou thermorégulantes, micromassages pour faciliter la circulation sanguine, microencapsulations de produits antibactériens, voire parfumés, contre les effets de la sueur, etc.), la microfibre est la grande affaire de la lingerie des années quatre-vingt-dix[28]. Son brin, souvent plus fin qu'un fil de soie, est formé d'une multitude de filaments de polyester ou de polyamide. De la structure interne de ce brin, dépendra la qualité de sa matité ou de sa brillance, et celle de son toucher. Après la maîtrise de la souplesse, après la domestication de la lumière, la conquête de la douceur est le troisième Graal de la lingerie fin de siècle.

Autant qu'une image publicitaire ou une icône culturelle, l'équation d'une fibre est un indicateur de l'air du temps. Si le Lycra est le fil d'Ariane de la lingerie

Calvin Klein
Calvin Klein
Calvin Klein

Ci-dessus :
Soutien-gorge *sculptural*, La Perla.
Page de droite :
Culotte et caraco.

sculpturale, la microfibre est celui de la lingerie *cosmétique*, cette lingerie qui jalouse la texture sereine des crèmes de luxe pour la peau : caressante, satinée, privilégiant le plaisir du *tact* – comme on nommait autrefois le toucher – sur celui de l'œil. Le Lycra se rêve *seconde peau* pour son élasticité, la microfibre *première peau* pour son velouté, matière d'une féminité presque intimiste, cultivée pour soi. "*Après des années de frou-frous et de pigeonnants à outrance, les boutiques se dopent maintenant au minimalisme pur*, écrit le *Journal du Textile* en février 1998. *S'il n'y avait qu'un produit, il serait invisible, qu'une matière, ce serait la microfibre. C'est la tendance du moment, confortable, invisible sous des vêtements près du corps, sobre pour ne pas dire basique. Ce courant, qui a commencé voilà deux ans, explose véritablement*[29]."

À la pointe de ce "*basique*" règne la lingerie "*active*" dont Calvin Klein est le chef de file : *underwear* en coton, affichant une simplicité sportive, fonctionnaliste, voire hygiéniste, qui s'est d'abord imposée sur le marché des *juniors*. Le déclin des *pigeonnants* couve, lui, depuis l'arrivée, autour de 1995, des soutiens-gorge à bonnets prémoulés. Leur succès et celui des impalpables Glossies de Gossard sonneront le glas de la petite pince qui faisait le sein pointu. Dans le catalogue automne-hiver 1998-1999 de *La Redoute*, les soutiens-gorge *ampliformes*, qui hier triomphaient, ne sont plus que "*légèrement ampliformes*", quand ils ne cèdent pas la place aux brassières ou aux bandeaux effaceurs de poitrines, sans couture, *seamless*, nouveau mot magique.

En l'an 2000, alors que, derrière les *top models* de la génération de Claudia Schiffer, de jeunes pousses sauvageonnes grandies à la diable prétendent à leur succession, alors que la mode est aux transparences, aux effets de voiles, aux superpositions pellucides, aux plissés de Prada ou de Jeremy Scott tamisant à peine des corps androgynes, la lingerie s'efface, s'éclipse, tend au "*no-design*[30]". Mais son invisibilité n'est pas celle de la *non-lingerie* des années soixante-dix. Celle-là affichait sa disparition au nom d'une femme libérée de tous les tabous et libre de son corps. Celle-ci se fait diaphane, entretient son propre mystère, jetant en quelque sorte le voile sur sa propre disparition, double fantomatique d'un "*moi-peau*[31]" dont les tatouages énigmatiques, dentelles de l'épiderme, sont comme les rébus d'une féminité indéchiffrable.

ANNEXES

REPÈRES CHRONOLOGIQUES

NOTES

BIBLIOGRAPHIE

REPÈRES CHRONOLOGIQUES

	1850	1880
LINGERIE	Sous les robes à crinoline, le **pantalon féminin** se généralise.	Le **corset cuirasse** le corps féminin. Mode des tournures.
MODE	**Worth** invente la **haute couture.** Au premier rang de ses clientes, l'impératrice Eugénie. Chaque tenue appelle son cortège d'accessoires.	Premiers **tailleurs pour dames.** Après les villes, les **robes de mariée blanches** conquièrent les campagnes.
CULTURE ET AIR DU TEMPS	1857 : ***Madame Bovary*** de Gustave Flaubert. On y voit Emma, petite bourgeoise de Normandie, se ruiner pour être à la mode de Paris. Dans les bals populaires, **le *cancan* triomphe.**	**École laïque**, gratuite et obligatoire. Premiers lycées et collèges pour jeunes filles. Paris se dévergonde : ***music-halls,*** danseuses, ***frou-frous.***

	1900	1910	1925	1930
LINGERIE	Les **jarretelles,** qu'aurait inventées Féréol Dedieu en 1876, ont désormais remplacé la jarretière. **Les bas sont toujours noirs,** comme dans les nus de Pierre Bonnard. Certaines courtisanes useraient de draps noirs pour mieux mettre en valeur la blancheur de leur chair.	Depuis quelques années, le matin ou pour le sport, on porte une **ceinture élastique** à la place du corset. 1904 : ***soutien-gorge*** dans le dictionnaire. 1907 : *"Le soutien-gorge est le complément indispensable de la ceinture"*, écrit la baronne d'Orchamps[2]. Apparition des bandeaux et brassières pour aplatir la poitrine. Les ressorts caoutchoutés remplacent les baleines des corsets.	La **garçonne** et ses dessous : bas de soie chair argentée, **soutien-gorge *aplatisseur*** pour buste plat et combinaison-culotte flottante. Disparition des jupons et renaissance des jarretières. La *rayonne,* **soie artificielle.**	*LeGant :* nom de la gaine en Lastex de Warner aux États-Unis. Mise au point de systèmes de taille des bonnets de soutiens-gorge. ***Culottes et petites culottes fermées*** ont remplacé les *pantalons ouverts* d'avant-guerre.
MODE	Chaises Thonnet, métro de Guimard, ligne en S : **la mode est à la courbe.** Paul Poiret entre chez Worth en 1901. Les couturiers envoient leurs mannequins en tenue au bois de Boulogne et au pesage des courses, hauts lieux de la mode.	**Mariano Fortuny** réalise en 1909 ses premières robes *Delphos* au plissé légendaire. Sous ses robes Empire, **Paul Poiret** vient de bannir le corset au profit d'une ceinture intérieure à la robe.	Pour la nouvelle silhouette de la femme : **cheveux courts** et mouvements sans entrave, **Coco Chanel** emprunte mailles, jerseys et matières "pauvres" aux vêtements de travail masculins.	**Charles James :** la haute couture américaine. Adrian habille les stars de **Hollywood :** Greta Garbo dans *La Reine Christine,* de Rouben Mamoulian.
CULTURE ET AIR DU TEMPS	En France, en Angleterre plus encore, poussée des **suffragistes.** Journée de travail légale fixée à 11 heures pour les femmes et les enfants. De la **tour Eiffel,** construite pour l'Exposition universelle de 1899, on raconte qu'elle *"figure une jambe de femme gainée d'un bas résille, et que ses quatre piliers sont les attaches du porte-jarretelles"*[1].	1909 : **Diaghilev** et les Ballets russes à Paris – succès et scandale. Essor du **cinéma muet.** 1916 : Lilian Gish dans *Intolerance,* de David Griffith.	Exposition des **Arts décoratifs,** Premier *Manifeste du surréalisme* en 1924, diffusion de la psychanalyse et des thèses freudiennes. Le **jazz** est là. On danse le **charleston.**	Allemagne : **Marlène Dietrich** dans *L'Ange bleu* en corset, bas noirs et porte-jarretelles. Aux États-Unis, le **code Hayes**, code de moralisation et de **censure du cinéma hollywoodien,** stipule : *"Il est désormais interdit de montrer les femmes en train d'enlever leurs bas. Il ne sera jamais question pour un homme d'enlever les bas d'une femme."*

	1935	1945	1955	1965
LINGERIE	**Renouveau du buste.** *"Menteur comme un soutien-gorge"*, écrit Louis-Ferdinand Céline. **Mae West** à Marlène Dietrich : *"Tu leur donnes le bas, moi je leur donne le haut[3] !"* 1938 : invention du **Nylon.** 9 septembre 1938 : réclame pour les **"*tampons périodiques*"** Tampax dans *Marie Claire.* Le mot ***slip*** fait son chemin.	**Marcel Rochas invente la *guêpière.*** Premiers **bas en Nylon** en Europe. La **vogue du jupon** commence. 	Arrivée des **bas sans couture** et des talons aiguilles. Le ***fond de robe,*** version simplifiée de la combinaison. 1959 : invention du ***Lycra.*** Chemises de nuit : ***baby doll,*** d'après Caroll Baker dans le film d'Elia Kazan en 1956, ou, à la fin de la décennie, ***nuisette.***	Les ***panties,*** gaines de la nouvelle génération. Premiers succès des **collants :** opaques ou de couleurs vives, ils démodent les classiques tons chair. 1967 : dans *Le Lauréat,* de Mike Nichols, Mrs Robinson, en lingerie troublante, déniaise le jeune Dustin Hoffman habitué aux culottes de coton des filles de sa génération. 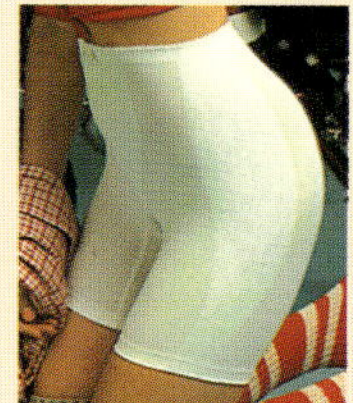
MODE	 Robes allongées, **femmes longues,** coupe en biais : **Madeleine Vionnet** crée une silhouette néoclassique. **Schiaparelli** jongle avec la fantaisie et le surréalisme.	1947 : **Christian Dior et le *new-look.*** Désormais, le sein se porte haut, la taille est de guêpe et la **jupe *corolle*.** 	 Retour de **Coco Chanel :** le **tailleur** contre le new-look. Vers 1958, jupons sous **jupes vichy** à carreaux et **premiers blue-jeans.**	**Premières minijupes** (Mary Quant, André Courrèges). Création des **robes métalliques** de Paco Rabanne. 1966 : le **smoking** d'Yves Saint Laurent. 
CULTURE ET AIR DU TEMPS	 1938 : **Arletty** dans *Hôtel du Nord,* de Marcel Carné. 1939 : **Vivian Leigh** dans *Autant en Emporte le Vent,* de Victor Fleming. Chanson : *"Les vieux pyjamas C'est pour mon papa Les dessous troublants C'est pour ma maman."*	1949 : Simone de Beauvoir publie ***Le Deuxième Sexe,*** trois ans après le lancement, par Louis Réard, d'un maillot de bain deux-pièces baptisé ***Bikini,*** du nom de l'atoll du Pacifique où les États-Unis viennent de procéder au **premier essai de la bombe atomique.** Les Françaises ont le **droit de vote** depuis 1944. 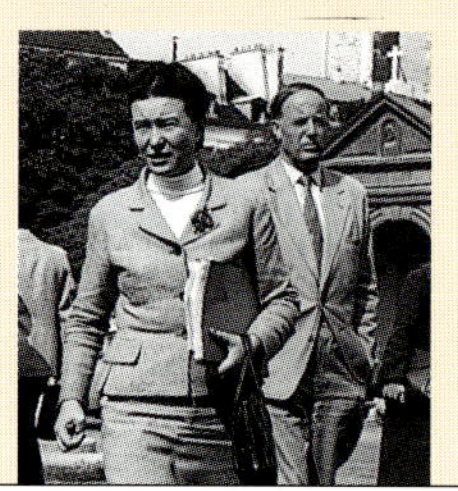	1956 : La *bombe* **Brigitte Barbot** dans *Et Dieu créa la femme* de Roger Vadim. **Elvis Presley** et le ***rock'n'roll.*** Les jambes de **Marilyn Monroe** soulèvent l'Amérique au vent de *Sept ans de réflexion,* de Billy Wilder.	**Décennie des *baby-boomers :*** Beatles et Rolling Stones. Twiggy, mannequin-brindille. Carnaby Street, Mecque de la mode des *teenagers.* Pop art, op'art et culture pop. 1967 : ***Blow-Up,*** de Michelangelo Antonioni. En France, la **pilule contraceptive** est légalisée. **Woodstock :** trois jours de paix, de musique et d'amour. 

	1972	1980	1990	2000...
LINGERIE	Les **sous-vêtements** sont **réduits au minimum :** slip taille basse, soutien-gorge à bonnets préformés, transparent, sinon absent. Le **tee-shirt** s'impose comme dessous et comme dessus, et la chemise d'homme devient chemise de nuit provocante.	Après le *caraco* et le *string*, la *guêpière* et les porte-jarretelles : mode de la **lingerie de charme et sexy.** Le Lycra envahit toute la lingerie. Collants à dentelles, résillés, à chaînettes, etc. ***Slips brésiliens* et *tangas.*** Le ***body*** s'impose au milieu de la décennie. Premiers ***stay-up.*** Juin 1989 : aux États-Unis, *Life* consacre une de ses couvertures au centenaire du soutien-gorge.	La **lingerie** est ***sculpturale.*** 1994 : succès mondial du **Wonderbra,** chef de file des soutiens-gorge pigeonnants et ***ampliformes.*** Les **corsets** dans les défilés de mode. Collants *remonte-fesses.*	Lingerie impalpable, ***seconde peau :*** soutiens-gorge sans couture, à bonnets moulés invisibles, bandeaux presque transparents. **Lingerie *active* et sportive** (Calvin Klein, Fila, Dim). Succès de la **microfibre.**
MODE	Le **pantalon** est entré dans les mœurs, le panty en sort. ***Unisexe* et mode *rétro.*** Arrivée des créateurs : **Sonia Rykiel, Kenzo...** On s'habille chez *Vogue*, la boutique de la rue Tronchet, ou à *Prisunic*.	Mode des ***paddings*** pour *superwomen* en tailleurs. Caleçons, body, robes moulantes : Azzedine Alaïa sculpte les courbes de la femme . **Yohji Yamamoto** et **Rei Kawabuko** (Comme des Garçons) : les Japonais à Paris.	Nouveau souffle dans la haute couture avec **Christian Lacroix, Jean-Paul Gaultier** et **Thierry Mugler.** Un style international s'impose : Donna Karan, Giorgio Armani. Pas de marque qui ne propose un ou plusieurs **parfums.**	Transparence et tatouages : **superpositions** et robes-combinaisons. 1998 : année de toutes les **hauteurs de talon,** avec un record pour le *styletto* de Gucci.
CULTURE ET AIR DU TEMPS	1970 : **MLF, IVG :** les femmes conquièrent de nouveaux droits. Vogue du **cinéma érotique** (*Emmanuelle*, 1973) et des films **classés *X*,** dits *pornos*. Publicités pour les tampons et serviettes hygiéniques dans la presse. 1976 : les **punks.** 1977 : ***Saturday Night Fever.*** La ***disco*** embrase les pistes de danse.	Le ***Palace*** à Paris, le ***Studio 54*** à New York : les rendez-vous de la nuit. 1982 : identification du ***syndrome immuno-déficitaire acquis*** (sida). 1984 : location d'utérus et **mères porteuses. Culte du corps** et body building. Le *high-tech.* Jean-Paul Goude et Jean-Baptiste Mondino *image makers.* Madonna chante *Like a Virgin*, Michael Jackson change de visage.	Mode des ***top models,*** de la liposuccion et des lèvres en silicone. 1996 : deux poupées Barbie vendues dans le monde chaque seconde. ***Pulp Fiction,*** de Quentin Tarantino. **Rap, musique techno, rave et ecstasy.** 1997 : année des Spice Girls, groupe de chanteuses anglaises pour pré-adolescentes.	Sur les traces de **Kate Moss** (1,70 m, 44 kg), découverte en 1992. Nouvelle génération de mannequins. ***Titanic,*** de James Cameron : Kate Winslet y fait naufrage vêtue de rose transparent.

NOTES

TRAVAUX D'APPROCHE

1. Eugénie Lemoine-Luccioni, *La Robe. Essai psychanalytique sur le vêtement*, Paris, Le Seuil, 1983, p. 13.
2. Georges Bataille, *L'Érotisme* (1957), Paris, Union Générale d'Éditions, coll. "10-18", 1975, p. 145.
3. Yvonne Verdier, *Façons de dire, façons de faire. La laveuse, la couturière, la cuisinière*, Paris, Gallimard, 1979, p. 180-190.
4. Odile Blanc, *Parades et Parures. L'invention du corps de mode à la fin du Moyen Âge*, Paris, Gallimard, 1997.

CHAP 1. LE TROUSSEAU, LES DESSOUS : INVENTAIRE ET INVENTION

1. Titre de l'article d'Alain Corbin dans *Ethnologie française*, nouvelle série, tome XVI, n° 3, 1986, numéro consacré au "Linge de corps et linge de maison", p. 299-310.
2. Anne Kraatz, *Dentelles*, Paris, Adam Biro, 1988, p. 118.
3. Cette relation entre le trousseau et le journal intime et, plus précisément, entre "*la broderie du trousseau par la paysanne*" et "*la rédaction du journal intime par la jeune fille bourgeoise*", est soulignée par Alain Corbin, *op. cit.*, p. 306.
4. Sur ce "*marquage*" du trousseau, voir les analyses d'Yvonne Verdier dans *Façons de dire, façons de faire. La laveuse, la couturière, la cuisinière*, *op. cit.*, p. 178-195, et la courte présentation qui en est faite en introduction.
5. Baronne Staffe, *Usages du monde. Règles du savoir-vivre dans la société moderne*, Paris, Victor-Havard éditeur, 1890, p. 32.
6. Jacques Laurent voit dans cette généralisation des pantalons l'illustration de "*la règle selon laquelle, depuis la fin du XVIIIe siècle, ce qui est porté par l'enfant finit toujours par être porté par l'adulte*", *Le Nu vêtu et dévêtu*, Paris, Gallimard, 1979, p. 125. Sur l'adoption du pantalon, Philippe Perrot, *Les Dessus et les dessous de la bourgeoisie. Une histoire du vêtement au XIXe siècle*, Paris, Fayard, 1981, p. 263-267.
7. Edmond et Jules de Goncourt, *Journal. Mémoires de la vie littéraire* (1887-1896), Paris, Robert Laffont, 1989, tome II, p. 1075, 30 mai 1864 : "*Au bal de l'*Élysée-Montmartre, *une femme avec talons de bottines très hauts, très pointus, finissant en aiguilles, des bas de soie, couleur de chair. Avant l'avant-deux, elle se baisse, rentre tout son linge dans son pantalon, puis s'élance, fait des plongeons de tout le corps et, tenant sa tête baissée à la hauteur de la ceinture, toute sa jupe relevée en l'air des deux mains, piétine au trémolo, montre ses jambes jusqu'aux genoux et son pantalon jusqu'à l'honneur.*"
8. Cité par Romi, *Histoire pittoresque du pantalon féminin*, Paris, J. Grancher, 1979, p. 81. Sur la Goulue et les bals-spectacles des années 1880 et 1890 , en particulier l'*Élysée-Montmartre* et le *Moulin-Rouge*, voir Luce Abélès, *Toulouse-Lautrec : la baraque de la Goulue, Cahiers Musée d'art et d'essai, palais de Tokyo*, Paris, La Réunion des musées nationaux, 1984, n° 14, et Mariel Oberthür, *Montmartre en liesse 1880-1890*, musée Carnavalet, Paris-Musées, 1994.
9. Armand Sylvestre, *Les Dessous de la femme à travers les âges*, Paris, E. Bernard et Cie, 1902, p. 24.
10. Cité par Pierre Dufay, *Le Pantalon féminin. Un chapitre inédit de l'histoire du costume*, Charles Carrington libraire-éditeur, 1906, p. 221. Lorsque le pantalon est cousu, la déchirure du tissu à l'entrejambe de la danseuse, sorte de fantasme désinfibulatoire, est le lieu commun du genre, prétexte à de complaisants morceaux de bravoure littéraire. Voir, par exemple, Louis Legrand dans *Cours de danse fin de siècle* en 1892 : "*Dans la blancheur mate du madapolam, une tache sombre a paru. Petite d'abord comme une pièce de cent sous, elle a passé sous les yeux distraits des assistants, sans les émouvoir. Mais, à chaque mouvement, elle grandit et se caractérise. À n'en pas douter, une fissure s'est produite dans le vertueux indispensable, et justement à l'endroit que son premier devoir est de cacher (...). La fente s'agrandit (...). La voici large comme la main (...) le professeur enrage : "– Cochonne ! Salope ! (...) Ah ! tu mets des pantalons usés pour montrer ton c... ! (...) Ah ! tu croyais que le journaliste viendrait aujourd'hui, et t'as voulu lui taper dans l'œil avec ton truc !*" Cité par Guy Ducret, *Corps et Graphies. Poétique de la danse et de la danseuse à la fin du XIXe siècle*, Paris, Honoré Champion, 1996, p. 250-251.
11. Sur les pantalons ouverts ou fermés avant et après la première guerre mondiale, voir Jacques Mauvain, *Leurs pantalons. Comment elles les portent* (1912), nouvelle édition entièrement remaniée et augmentée de nombreuses interviews, Paris, Jean Fort éditeur, 1923, p. 181 *sqq.*
12. P. Dufay, *op. cit.*, p. 162.
13. Harold Koda et Richard Martin, *Infra-Apparel*, catalogue de l'exposition *Infra-Apparel*, The Metropolitan Museum of Art, New York, 1er avril 1993-8 août 1993, p. 62.
14. Baronne d'Orchamps, *Tous les secrets de la femme*, Paris, Bibliothèque des auteurs modernes, 1907, p. 78.
15. Émile Zola, *Au bonheur des dames* (1883), Paris, Le Livre de Poche, 1980, p. 477 *sqq.*
16. *Ibid.*
17. Richard von Krafft-Ebing, *Psychopathia Sexualis* (1886), traduit par Émile Laurent et Sigismund Csapu, Paris, Georges Carré, 1895, p. 222. Parmi les fétichistes des pièces de linge recensés par Krafft-Ebing, les amateurs de mouchoirs féminins sont fréquents, tel celui-ci, arrêté "*au moment où il cherchait à tirer un mouchoir de la poche d'une dame*", destiné à s'ajouter aux quatre-vingt à quatre-vingt-dix autres déjà volés ainsi, *ibid.*, p. 225-226.
18. Gaëtan Gatian de Clérambault, *Passion érotique des étoffes chez la femme* (1908), Paris, Les Empêcheurs de penser en rond, 1991, p. 41-48.
19. Cité par Luce Abélès, *op. cit.*, p. 11. Sur l'industrialisation des loisirs et spectacles parisiens, voir Julia Csergo, "Extension et mutation du loisir citadin, Paris XIXe-début XXe siècle", *in* Alain Corbin, *L'Avènement des loisirs. 1850-1960*, Aubier, 1995, p. 121-168. Sur le rôle du regard dans la culture de masse de la Belle Époque, Leo Charney et Vanessa Schwartz (éd.), *Cinema and the Invention of Modern Life*, University of California Press, 1995.
20. Romi, *op. cit.*, p. 93-98.
21. Formule de la comtesse de Tramar dans *Le Bréviaire de la femme, pratiques secrètes de la beauté*, en 1903 (huitième édition), cité par Philippe Perrot, *op. cit.*, p. 261.
22. Pierre Dufay, *op. cit.*, p. 162.
23. Evelyne Taveneaux, *La Piété en dentelles. Les images de dévotion et leurs dentelles, 1830-1910*, Nancy, Presses universitaires de Nancy, 1992.

Page de gauche : *Waiting in the Chelsea Hotel.*
Page suivante : Warner Baxter choisissant la vedette féminine de son film *42e Rue* (1932).
Page 186 : Les "*protagonistes*" du nouveau *glamour* selon *Vogue* Italie en 1994.

CHAP. 2. CORPS SAINS CONTRE CORSETS

1. Jean Cocteau, *Portraits-souvenirs : 1900-1914* (1935), Paris, Grasset, 1954, p. 84.
2. Sur cette mue du corset, voir Georges Vigarello, *Le Corps redressé*, Paris, J.-P. Delarge, 1978, p.130-131.
3. David Kunzle, "*The Corset as Erotic Alchemy : From Rococo Galanterie to Montaut's Physiologies*", *in Woman as Sex Object. Studies in Erotic Art, 1730-1970*, edited by Thomas B. Hess and Linda Nochlin (1972), Londres, Allen Lane, 1973, p. 161.
4. Cité par Philippe Perrot, *op.cit.*, p. 276-281.
5. Alison Gersheim, *Victorian and Edwardian Fashion. A Photographic Survey* (publié en 1963 sous le titre *Fashion and Reality, 1840-1914*), New York, 1981, p. 56.
6. David Kunzle, *op. cit.*, p. 109.
7. Emmanuel Bove, *Mes amis* (1924), Paris, Émile-Paul Frères, 1929, p. 32.
8. Sur ces danseuses, voir Marcelle Michel et Isabelle Ginot, *La Danse au XXe siècle*, Paris, Bordas,1995, p. 81-93.
9. Jean-Jacques Rousseau, *Émile ou de l'éducation* (1762), *in Œuvres complètes*, tome IV, Paris, Gallimard, coll. "La Pléiade", 1969, p. 706.
10. *Ibid.*, p. 705-706.
11. Une photo de May Morris, de 1886, la montre vêtue d'une robe d'inspiration médiévale portée sans corset, photo reproduite dans Sarah Levitt, *Fashion in Photographs 1880-1900*, Londres, B.T. Batsford Ltd, 1991, p. 63. Sur les mouvements hygiénistes, rationalistes et réformistes en Grande-Bretagne, voir Stella Mary Newton, *Health, Art and Reason. Dress Reformers of the 19th Century*, Londres, John Murray, 1974.
12. Voir Philippe Perrot, *Le travail des apparences ou les transformations du corps féminins XVIIIe-XIXe siècle*, Paris, Le Seuil, 1984, p. 186-196.
13. Colette, "La culture physique et les femmes", *Le Matin*, 18 décembre 1913, *in Contes des mille et un matins*, Paris, Flammarion, 1970, p. 61-62.
14. Colette Willy, "Ma corsetière", *Paris-Journal*, 12 juillet 1910, *in Contes des mille et un matins*, *op. cit.*, p. 235.
15. Selon Yvonne Deslandres, Madeleine Vionnet proposait alors "*des robes près du corps et en biais, si peu admises qu'elles n'étaient jamais ou presque montrées à la clientèle*", *in Paul Poiret 1879-1944*, Paris, Éditions du Regard, 1986, p. 99.
16. Paul Poiret, *En habillant l'époque*, Paris, Grasset, 1930, p. 62-63.
17. Y. Deslandres, *op. cit.*, p. 99.
18. Palmer White, *Poiret le Magnifique. Le destin d'un grand couturier*, traduit de l'américain, Paris, Payot, 1986, p. 78.
19. Cité par P. White, *op. cit.*, p. 77.
20. Ce rôle des femmes médecins est souligné par Philippe Perrot, *Les Dessus et les dessous de la bourgeoisie. Une histoire du vêtement au XIXe siècle*, *op. cit.*, p. 298, note 69 : "*L'apport féministe est considérable*, indique-t-il, *une série de doctoresses feront leur thèse sur les rançons pathologiques du corset et seront à l'origine de nombreuses réformes, parfois décisives, comme le soutien-gorge.*" La doctoresse Gaches-Sarraute est ainsi l'auteur de deux livres : *L'Hygiène du corset*, publié en 1896, et *Le Corset, étude physiologique et pratique*, publié en 1900.
21. Colette Willy, *op. cit.*

CHAP. 3. LA GARÇONNE À L'ÈRE DE LA LINGERIE DÉMOCRATIQUE

1. Francis Carco, *Jésus-la-Caille*, Paris, Mercure de France, 1914, p. 80.
2. *Secrets d'élégance, 1750-1950*, Paris, musée de la Mode et du Costume, palais Galliera, catalogue d'exposition, décembre 1978-1979, p.13.
3. *Le Corset de France et la lingerie*, avril 1930, et Shazia Boucher et Annette Haudiquet, *Vingt-cinq ans de lingerie ou la dentelle sans dessus-dessous*, catalogue d'exposition, Calais, musée des Beaux-Arts et de la Dentelle, 24 octobre 1997-4 janvier 1998, p. 72.
4. Cité par Colette, "En dessous", *Demain*, 1er mai 1924, repris dans *Le Voyage égoïste* (édition de 1928), Œuvres, Paris, Gallimard, coll. "La Pléiade", tome II, 1986, p. 1144.
5. *Ibid.*, p. 1143.
6. Paul Louis de Giafferri (Giafar), *La Lingerie chez soi. Deux cents secrets de coupe, quatre cents croquis de lingerie et dessous élégants*, Paris, A. Fayard et Cie, s. d., *circa* 1927, p. 247.
7. *Mon Trousseau. Linge de corps et de maison. Manuel général 1928-1929*, p. 9.
8. *Ibid.*
9. *Ibid.*, p. 6.
10. P.L. de Giafferri, *op. cit.*, p. 16.
11. *Ibid.*
12. Louis-Ferdinand Céline, *Voyage au bout de la nuit* (1932), Paris, Gallimard, coll. "Folio", 1976, p. 102.
13. Voir à ce propos Agnès Fine et son analyse de la mort du trousseau dans les années soixante-dix, dans "À propos du trousseau : une culture féminine ?", *in Une histoire des femmes est-elle possible ?*, sous la direction de Michelle Perrot, Marseille, Rivages, 1984, p. 186.
14. P.L. de Giafferri, *op. cit.*, p. 100.
15. *Mon Trousseau*, *op. cit.*, p. 2.
16. Agnès Fine, *op. cit.*, p. 173.
17. G. de Clérambault, *op. cit.*, p. 52. Voir chapitre 1.
18. *Mon trousseau*, *op. cit.*, p. 3.
19. *Ibid.*
20. Léon-Paul Fargue, *Le Piéton de Paris* (1939), Paris, Gallimard, coll. "Folio", 1982, p. 174.
21. P. White, *op. cit.*, p. 83-84.
22. Lucie Delarue-Mardrus, *Embellissez-vous !*, Paris, Les Éditions de France, 1926, p. 110-111.
23. Marny, *Le Bas à travers les âges*, suivi de *Ce qu'il est de bon ton d'acheter*, Paris, Marny, premier bonnetier de Paris, au 33, rue Tronchet, 1925, p. 28-54.
24. L. Delarue-Mardrus, *op. cit.*, p. 179 et 180.
25. Louis-Ferdinand Céline, *Mort à crédit*, Paris, Gallimard, 1936, p 169.
26. André Breton, *Nadja*, Paris, Gallimard, coll. "Folio", 1975, p. 177-179.
27. E. Bove, *op. cit.*, p. 32. Voir chapitre 2.
28. Henri de Montherlant, *La Petite Infante de Castille*, Paris, Grasset, 1929, p. 602.

CHAP. 4. PÉNÉLOPE ANNÉES TRENTE : LA NOSTALGIE DE LA FÉMINITÉ

1. Propos du bras droit de Jean Patou cités par Guillaume Garnier dans *Paris-Couture-Années Trente*, catalogue d'exposition, musée de la Mode et du Costume, palais Galliera, Paris-Musées et Société de l'histoire du costume, 1987, p. 9.
2. *Le Corset de France et la lingerie*, novembre 1929. Sur les robes du soir de cette période, Valérie Guillaume, "Les vagabondages de la mode du soir", *in Robes du soir*, catalogue d'exposition, musée de la Mode et du Costume, palais Galliera, Paris-Musées, 1990, p. 158.
3. Ces métaphores, traduites de formules américaines de l'époque, sont extraites du beau livre de Bertrand Mary, *La Pin Up ou la fragile indifférence. Essai sur la genèse d'une imagerie délaissée*, Paris, Fayard, p. 208 *sqq.*
4. *Le Corset de France et la lingerie*, décembre 1929.
5. *Marie Claire*, 28 mai 1937.
6. *Le Corset de France et la lingerie*, novembre 1928.
7. Arthur W. Pearce, *The Future out of the Past. An illustrated history of the Warner Brothers Company on its 90th anniversary, with the histories of the corporate family, C.F. Hathaway, Puritan Sportswear and Warner Packaging*, Hartford (Connecticut), 1964, p. 39-43.
8. Maria Riva, *Marlène Dietrich par sa fille* (1993), traduit de l'anglais par Anna Gibson, Anouk Neuhoff et Yveline Paume (1993), Paris, J'ai Lu, tome I, 1995, p. 266-267.
9. *Le Corset de France et la lingerie*, mars 1929.
10. Dans les années trente, nombre de réclames proposent des gaines amaigrissantes.
11. Alison Carter, *Underwear: The Fashion History*, Londres, Batsford Limited, 1992, p. 82.
12. *Ibid.* et A.W. Pearce, *op. cit.*, p. 41.

13. Propos de l'écrivain Fernand Divoire, cité par Romi, *op. cit.*, p. 139.
14. *La Belle Lingerie*, hiver 1938.
15. *Ibid.*
16. Emmanuel Berl, "La mode 1932", *Les Nouvelles littéraires*, 16 avril 1932, *in Lignes de chance*, Paris, Gallimard, 1934, p. 23-38.
17. *Mon Trousseau*, *op. cit.*, p. 9.
18. Sur la variété et le prix des chemises de nuit à la fin des années trente, sur la cérémonie de leur achat dans un grand magasin, voir Lucien François, *Pimprenelle* (1939), repris dans *Pimprenelle et sa fille*, Paris, SEMP, 1944, p. 89-93.
19. *La Belle Lingerie*, hiver 1937.
20. Sur ce sujet, Francine Muel-Dreyfus, *Vichy et l'éternel féminin. Contribution à une sociologie politique de l'ordre des corps*, Paris, Le Seuil, 1996, et Dominique Veillon, *La Mode sous l'Occupation. Débrouillardise et coquetterie dans la France en guerre (1939-1945)*, Paris, Payot, 1990.

CHAP. 5. 1947-1957 : ANNÉES FROIDES, DESSOUS CHAUDS

1. En 1959, dans *Le Chemin des écoliers*, film de Michel Boisrond, Françoise Arnoul interprète Yvette, une de ces coquettes de l'Occupation. Dans une scène célèbre, montée sur une table, elle se fait faire les jambes par son amant et son camarade, interprétés respectivement par Alain Delon et Jean-Claude Brialy, qui les finit en y traçant la marque de la couture.
2. Sur cette période, D. Veillon, *op. cit.*
3. *Ibid.*, p. 70.
4. Lyse de Landroy, *La Couturière chez soi. Cours de coupe et couture en 12 volumes*, vol. 6, *Les Tailleurs, la lingerie*, Paris-Genève, Éditions G. Liechti, Les Éditions pratiques, 1952, p. 228-230.
5. L. François, *op. cit.*, p. 90-91.
6. D. Veillon, *op. cit.*, p. 134.
7. *Les Dessous élégants*, juin-juillet 1952.
8. Christina Probert, *Lingerie in* Vogue *since 1910*, New York, The Condé Nast Publications, Londres, Thames and Hudson, 1981, p. 33.
9. Christian Dior, *Christian Dior et moi*, Paris, Amiot-Dumont, 1956, p. 35.
10. *Ibid.*, p. 42.
11. *Ibid.*, p. 64.
12. *Ibid.*, p. 35.
13. Sur les pin up de cette période, B. Mary, *op. cit.*
14. *Ibid.*, p. 326.
15. Que la frontière entre les deux soit parfois trouble n'échappe d'ailleurs pas aux adversaires de cette ligne entonnoir, telle Madeleine de Rauch, couturière apôtre d'un chic sobre et sportif, qui se réjouit du reflux, annoncé pour 1955, de cette ligne qu'elle juge "*vulgaire*", *in Les Dessous élégants*, octobre-novembre 1954. Selon le même numéro de cette revue, les couturiers auraient ainsi "*banni toutes rondeurs*" de leurs collections parce que "*trop sensuelles*".
16. Selon Jacqueline du Pasquier *in Guide de l'élégance*, Larousse, 1954, p. 16.
17. *Les Dessous élégants*, juin-juillet-août 1953 et juin-juillet-août 1954.
18. *Les Dessous élégants*, octobre-novembre 1953.
19. A.W. Pearce, *op. cit.*, p. 47.
20. C. Probert, *op. cit.*, p. 42.
21. D. Veillon, *op. cit.*, p. 200 et A. Kraatz, *op. cit.*, p. 176.
22. Pauline Réage, *Histoire d'O*, Sceaux, Jean-Jacques Pauvert, 1954, p. 173-174. Sur la relativement courte durée de vie de la guêpière, Mlle M. Étienne, *Corset-gaine et soutien-gorge*, Paris, J.-B. Baillière et Fils, 1958, p. 171.
23. "*En vérité, c'est ce creux qui inspire toutes mes créations*, déclare Antonio de Castillo chez Jeanne Lanvin. *(...) Oui, ce creux stomachal est comme la pierre de touche de toute silhouette juvénile*", *Les Dessous élégants*, avril-mai 1953.
24. J. du Pasquier, *op. cit.*, p. 214.
25. Entretien avec Suzanne Chennoune, née Marchellier, Paris, le 21 avril 1998.
26. *Les Dessous élégants*, avril-mai 1953.
27. Albert Simonin, *Touchez pas au grisbi !*, Paris, Gallimard, 1953, p. 252.
28. Jacques Cellard et Alain Rey, *Dictionnaire du Français non contemporain*, Paris, Hachette, 1981, p. 717.
29. *Les Dessous élégants*, avril-mai 1953.
30. Entretien avec Suzanne Chennoune, *op. cit.*
31. J. du Pasquier, *op. cit.*, p. 216.
32. Marc de Saligny, *Précis des nouveaux usages*, Prisma, 1948, p. 99-100.
33. J. du Pasquier, *op. cit.*, p. 216.
34. *Les Dessous élégants*, avril-mai 1953.
35. Jean Poirier (éd.), "L'homme, l'objet et la chose", *in Histoire des mœurs*, tome I, *Les coordonnées de l'homme et la culture matérielle*, Paris, Gallimard, coll. "La Pléiade", p. 947.
36. Sur la fonction de la prostituée dans l'économie sexuelle conjugale et masculine, Alain Corbin, *Les Filles de noce. Misère sexuelle et prostitution (XIXe siècle)* (1978), Paris, Flammarion, coll. "Champs", 1982, p. 275-314.
37. Armand Sylvestre, *op. cit.*, p. 24.

CHAP 6. PETITES FILLES ET FEMMES LIBÉRÉES : PANTIES, SLIPS MINIS, COLLANTS

1. Jean-Jacques Schuhl, *Télex N° 1*, Paris, Gallimard, 1976, p. 22.
2. J.-J. Schuhl, *Rose poussière*, Paris, Gallimard, 1972, p. 83.
3. J.-J. Schuhl, *Télex N° 1*, *op. cit.*, p. 54.
4. J.-J. Schuhl, *Rose poussière*, *op. cit.*, p. 83.
5. Sur la modernisation de la France de cette époque, voir Roland Barthes, *Mythologies*, Paris, Le Seuil, 1957, et Kristin Ross, *Aller plus vite, laver plus blanc. La culture française au tournant des années soixante* (1995), traduit de l'américain par Sylvie Durastanti, Paris, Abbeville, 1997, qui cite la phrase d'Alain Robbe-Grillet.
6. *Ibid.*, p. 83-84.
7. *L'Express*, 16 avril 1964.
8. *Ibid.*
9. *Ibid.*
10. *Ibid.*
11. Benoîte et Flora Groult, *Il était deux fois* (1968), Paris, Le Livre de Poche, 1971, p. 233.
12. Entretien avec Christine Martin, Paris, le 25 février 1998.
13. Louis Simon, *Dim*, Paris, Chêne, 1985, non paginé. Sur les collants Dim, voir aussi Giorgio Agamben, *La communauté qui vient. Théorie de la singularité quelconque* (1990), Paris, Le Seuil, traduit de l'italien par Marilène Raiola, 1990, p. 50-55.
14. "Le maniérisme d'un monde sans manières", entretien avec Jean Baudrillard, *Le Nouvel Observateur*, 18 février 1983.
15. Chiffres cités par Catherine Ormen, *Les Sous-Vêtements féminins, 1968-1972*, étude réalisée dans le cadre du musée des Arts et Traditions populaires (École du patrimoine), non publiée, 1er décembre 1987.
16. Pascal Lainé, *La Dentellière*, Paris, Gallimard, 1974, p. 121.
17. Sur le terme *unisexe* et l'histoire de ce qu'il recouvre, Olivier Burgelin et Marie-Thérèse Basse, "L'unisexe. Perpectives diachroniques", *in Parure, pudeur, étiquette*, dirigé par Olivier Burgelin et Philippe Perrot, Paris, Le Seuil, *Communications*, 1987, n° 46, p. 279-304.
18. *Le Torchon brûle*, Paris, 1973, n° 5.
19. Chiffres cités par C. Ormen, qui souligne cet écart entre comportements et représentations, et mentionne les résultats d'un sondage, effectué en 1970 auprès de 1 230 personnes pour le compte de la Fédération nationale des industries du corset, selon lequel 84 % des femmes interrogées déclarent porter un soutien-gorge "*tout le temps*". En conclusion, l'auteur du rapport souligne "*que les jeunes, contrairement à ce qui a été dit, demeurent très attachées au soutien-gorge. En somme c'est aux fabricants à leur offrir les modèles qui leur conviennent.*" C. Ormen fait en outre état des "*résultats tout aussi étonnants*" d'un autre sondage, commandé par la même fédération en décembre, cette fois sur le port de la gaine : 55 % des femmes y déclarent "*porter tout le temps une gaine, gaine-culotte, panty-gaine, ou un panty simple*" et 48 % des collants avec ces sous-vêtements, *op. cit.*, p. 10 et note 22, p. 15-16.
20. A. Carter, *op. cit.*, p. 133.
21. Entretien avec Chantal Thomass, le 2 février 1998.
22. G. Agamben, *op. cit.*, p. 51.
23. Chantal Chawaf, *Le Soleil et la Terre* (1977), Paris, Le Livre de poche, 1979, p. 90-91.

CHAP. 7. LES TENTATIONS DE LA NOUVELLE ÈVE

1. Signalons que Just Jaeckin a réalisé un des films publicitaires de Dim.
2. Alain Roger, "Vulva, Vultus, Phallus", *in Parure, pudeur, étiquette, op. cit.*, p. 189.
3. *The Illustrated Presidential Report of the Commission on Obscenity and Pornography*, San Diego, Greenleaf Classics, 1970. Richard Nixon rejeta ce rapport au prétexte que les rapporteurs n'auraient vu aucun danger moral dans la prolifération de la pornographie, *ibid.*, p. 17.
4. Alphonse Boudard, *Les Enfants de chœur*, Paris, Flammarion, 1982, p. 197-198.
5. Entretien avec Chantal Thomass, *op. cit.*
6. *Ibid.*
7. Sur cette période, voir notamment Alain Pacadis, *Un jeune homme chic*, Paris, Le Sagittaire, 1978, Brice Couturier, *Une scène-jeunesse*, Paris, Autrement, 1983, et, pour la mode, Marylène Delbourg-Delphis, *Le Chic et le Look. Histoire de la mode féminine et des mœurs de 1850 à nos jours*, Paris, Hachette, 1981, p. 233 *sqq.*
8. Evane Hanska, *J'arrête pas de t'aimer*, Paris, Balland, 1981, p. 150.
9. Laurence Benaïm, *L'Année de la mode 1987-1988*, Paris, La Manufacture, 1988, p. 124-135.
10. "Le maniérisme d'un monde sans manières", entretien avec Jean Baudrillard, *Le Nouvel Observateur*, *op. cit.* Sur la minijupe, voir chapitre 6. Sur les analyses de Georges Bataille, voir la présentation succinte qui en est donnée en introduction.
11. Les extraits de *F. Magazine* et de *Marie Claire* proviennent de K. Dekhli, "Civilité du monde moderne", *La Chose sexuelle, Nouvelle Revue de psychanalyse*, n° 29, 1983, cité par Gérard Vincent, "Le corps et l'énigme sexuelle", *in Histoire de la vie privée*, sous la direction de Philippe Ariès et Georges Duby, tome V, *De la première guerre mondiale à nos jours*, volume dirigé par Antoine Prost et Gérard Vincent, Paris, Le Seuil, 1987, p. 367-369.
12. Marie Bertherat et Martin de Halleux, *100 ans de lingerie*, Paris, Atlas, 1996, p. 108.
13. Susan Faludi, *Backlash. La guerre froide contre les femmes* (1991), traduit de l'américain par Lise Eliane Pommier, Evelyne Chatelain et Thérèse Réveillé, Paris, Des Femmes, 1993, p. 199 *sqq.*
14. Farid Chenoune, "Comment ils les appellent", article non publié, résultat d'une enquête réalisée par l'auteur en 1985, enquête très modeste et microscopique puisque limitée à une vingtaine de personnes et dont les conclusions sont évidemment en partie intuitives.
15. M. Bertherat et M. de Halleux, *op. cit.*, p. 107.
16. Jean Vautrin, *Bloody Mary*, Paris, Mazarine, 1979, p. 196-197.
17. Définition extraite d'un journal de mode du XVIIIe siècle, cité *in Modes et Révolutions. 1750-1804*, catalogue d'exposition, Paris, musée de la Mode et du Costume, palais Galliera, 1989, p. 226.

CHAP. 8. LES ANNÉES 90 B

1. Nathalie Gathié, "Leçons de drague black", *Libération*, 15 avril 1994.
2. Voir notamment B. et F. Groult, *op. cit.*, p. 243.
3. Alphonse Boudard, *La Cerise*, Paris, Plon, 1963, p. 178.
4. Sur l'emploi métaphorique de airbags, voir, par exemple, cet entretien avec la chanteuse mannequin Ophélie Winter, *Elle*, 13 mai 1996 : "Elle : *Le surnom de "double airbag", entendu à vos débuts dans les coulisses de M6, ça ne vous a pas fait pas souffrir ?/ O.W. : Non. Il n'y avait que ça qui se dégageait de moi à l'époque.*"
5. Anne Boulay, "Les dessous trichent", *Libération*, 23 novembre 1994.
6. *Ibid.*
7. *The Shape of Things to Come*, plaquette sur les courbes et seins féminins, ESMOD-Section Lingerie, ISEM et C concepts Paris, non daté (*circa* mars 1998), non paginé. Voir aussi Vincent Ostria, "La mode au fil(m) du temps", *in Art et Mode. Attirance et divergence*, *Artpress*, hors série n° 18, 1997, p. 53-57.
8. Entretien avec Hubert Barrère, Paris, 12 février 1998.
9. *L'Officiel de la couture*, juillet 1995. "*La dictature des designers japonais depuis quinze ans a rendu humiliante l'envie de plaire , sexy et jolie étaient devenus synonyme de bêtise. Ma femme peut être savante, mais elle n'a pas besoin d'en avoir l'air*", déclare également Véronique Leroy, jeune styliste (ancienne assistante de Jean-Paul Gaultier) dont la femme affiche une coquetterie de "*série B*", moulée dans de la fausse panthère ou du python-vynil. "*Ça n'est pas une poule pour autant, elle joue avec les clichés sans en être victime*" précise-t-elle (*Libération*, 17 mars 1997).
10. Alexandre Kaprisky, "La lingerie dans tous ses états. Fétichistes contre modernistes", *L'Événement du jeudi*, 29 janvier-4 février 1998.
11. Dominique Savidan, "Barock attitude", *Le Figaro*, 17 octobre 1997.
12. *Elle*, 15 décembre 1997. L'hebdomadaire féminin s'inspire d'un article du *Sunday Times*, largement cité. En France, *Elle* a déniché "*une ravissante étudiante de vingt-six ans, fine mouche et taille de guêpe*", Karine, qui porte corset en prenant soin de "*garder une couche de coton entre sa peau et l'objet pour éviter les irritations*" et se sent ainsi "*puissante, maîtresse de son corps, libre ! (...) Et ça n'a rien à voir avec un quelconque féminisme*, ajoute-t-elle. *Au contraire, je suis plutôt du genre vieille école, le garçon doit m'ouvrir la porte.*"
13. Entretien avec Poupie Cadolle, Paris, les 12 et 15 janvier 1998.
14. Laurence Benaïm, "Alexander McQuenn chez Givenchy, John Galliano chez Dior", *Le Monde*, 26-27 janvier 1997.
15. Entretien avec H. Barrère, *op. cit.*
16. Guêpière de dessus reproduite dans *Le Jardin des modes*, octobre 1982, n° 56, p. 25.
17. Sur les vêtements anatomiques, voir les nombreux exemples analysés par Olivier Saillard, "La mode au corps", *in L'Art au corps. Le corps exposé de Man Ray à nos jours*, catalogue d'exposition, musées de Marseille, Réunion des musées nationaux, 1996, p. 374-391.
18. Sur cette question des rapports du biologique, du symbolique et du social, voir David Le Breton, *Anthropologie du corps et modernité* (1990), Paris, Puf, 1995, en particulier p. 241-244 et, surtout, Françoise Héritier, *Masculin/Féminin. La pensée de la différence*, Paris, Odile Jacob, 1996.
19. Anne Boulay et Gérard Lefort, "Défilés du prêt-à-porter printemps-été 1997. Issey Miyake, signes de plaisir", *Libération*, 10 octobre 1996.
20. Dès le début des années soixante-dix, l'idée que les stylistes peuvent renouveler l'univers de la lingerie fait son chemin. En 1971, par exemple, le regroupement "Dentelle de Calais" édite un recueil de croquis d'Emmanuelle Khan, ancien mannequin qui commence sa carrière de styliste dans le prêt-à-porter. Sur ce point voir S. Boucher et A. Haudiquet, *op. cit.*, p. 18-21, ainsi que L. Benaïm, *L'Année de la mode 1987-1988*, *op. cit.*, p. 134-135.
21. Carton d'invitation Calvin Klein underwear, janvier 1998.
22. *La Lingerie pour femmes de quinze ans et plus*, étude réalisée par le Centre textile de conjoncture et d'observation économique, Clichy-sur-Seine, 1997.
23. Evane Hanska, *Les Amants foudroyés*, Paris, Mazarine, 1984, p.162-163.
24. *La Lingerie pour femmes de quinze ans et plus*, *op. cit.*
25. Fiche "Lycra dans le prêt-à-porter féminin", réalisée et éditée par Du Pont de Nemours, non datée (*circa* 1996).
26. Entretien avec Ch. Martin, *op. cit.*
27. Plaquette "*Bodywear. Fabric-colour. Styling Trends '99*", réalisée et éditée par Du Pont de Nemours, 1998.
28. Dominique Cuvillier, *Fibres et Matières intelligentes. Le guide des nouveaux textiles qui vont changer la mode*, Paris, Carlin, 1996.
29. Odile Mopin, "Fréquentation tonique au Salon de la lingerie", *Journal du Textile*, 16 février 1998.
30. *Ibid.*
31. Sur la notion de "*moi-peau*", voir l'ensemble des *Ritologiques* publiés par Jean-Thierry Maertens à partir de 1978 chez Aubier.

REPÈRES CHRONOLOGIQUES

1. Guy Goffette, *Elle, par bonheur, et toujours nue*, Paris, Gallimard, 1998, p. 86.
2. Baronne d'Orchamps, *op. cit.*, p. 86.
3. Maria Riva, *op. cit.*, p. 173.

BIBLIOGRAPHIE

La bibliographie suivante regroupe uniquement, à quelques exceptions près, des ouvrages traitant de la lingerie et de la corseterie. La plupart ont été déjà mentionnés en notes.

C'era una volta il corredo da sposa, catalogue d'exposition, Musea della Sarola, Merletti, Consorzio Merletti di Burano, 1987.

La Distribution de lingerie : quelle redistribution des cartes ?, Xerfi, étude réalisée par Emmanuelle Planes, avec la collaboration de Karine Billotet, Paris, 1996.

Linge de corps et linge de maison, sous la direction de Daniel Roche et Michel Verret, *Ethnologie française*, Paris, nouvelle série, tome XVI, n° 3, 1986.

La Lingerie, Precepta, Conseil et analyses stratégiques, 1990.

Les Politiques marketing des marques de lingerie de jour, Observatoire stratégies marketing, Paris, Precepta, 1992.

The Undercover Story, catalogue d'exposition, New York, The Galleries at Fashion Institute of Technology, Shirley Goodman Resource Center, novembre 1982-mai 1983.

AMIR, Gisèle, "Intimité corporelle et discours publicitaire", *in Le Gouvernement du corps*, dirigé par Georges Vigarello, *Communications*, n° 56, Paris, Le Seuil, 1993.

BÉATRIX, *Comment je fais ma lingerie*, Paris, Édition de la "Mode du jour", 1946.

BERTHERAT, Marie, et HALLEUX, Martin de, *100 ans de lingerie*, Paris, Atlas, 1996.

BOLOGNE, Jean-Claude, *Histoire de la pudeur*, Paris, Orban, 1986.

BOREL, France, *Le Vêtement incarné. Les métamorphoses du corps*, Paris, Calmann-Lévy, 1992.

BOUVIER, Jeanne, *La Lingerie et les Lingères*, Paris, Gaston Doin et Cie éditeurs, 1928.

BROOKS, Rosetta, "*Sighs and Whispers in* Bloomingdales: *a Review of a* Bloomingdale *Mail-Order Catalogue for their Lingerie Department*", *in* MCROBBIE, Angela (éd.), *Zoot Suits and Second-Hand Dresses. An anthology of Fashion and Music*, Londres, MacMillan, 1989.

BUTIN, Dr F., *Considérations hygiéniques sur le corset*, Paris, 1900.

CARTER, Alison, *Underwear: the Fashion History*, Londres, Batsford Limited,1992.

CLAUDE-SALVY, *Histoire des bas d'hier et d'aujourd'hui*, s.l.n.d.

CRAWFORD, M.D.C., and CRAWFORD, Elizabeth, *History of lingerie in pictures*, New York, Fairchild Publications, 1952.

CUNNINGTON, C. Willett, et CUNNINGTON, Phillis, *The History of Underclothes* (1951), Londres, Faber and Faber, 1981.

DELAMARE, Béatrice, *Comment je fais ma lingerie*, Paris, Éditions de la "Mode du jour", 1930.

DELPIERRE, Madeleine, *Secrets d'élégance (1750-1950)*, catalogue d'exposition, Paris, musée de la Mode et du Costume, palais Galliera, décembre 1978-avril 1979.

DUFAY, Pierre, *Le Pantalon féminin. Un chapitre inédit de l'histoire du costume*, Paris, Charles Carrington libraire-éditeur, 1906.

ETIENNE, M. (Mlle), *Corset-gaine et soutien-gorge*, Paris, J.-B. Baillère et Fils, 1958.

EWING, Elisabeth, *Fashion in Underwear*, Londres, B.T. Batsford Ltd, 1971.

EWING, Elisabeth, *Dress and Undress: a History of Women's Underwear* (1978), Londres, 1981.

FINE, Agnès, "À propos du trousseau : une culture féminine", *in Une histoire des femmes est-elle possible ?*, sous la direction de Michelle Perrot, Marseille, Rivages, 1984.

FONTANEL, Béatrice, *Corsets et soutiens-gorge. L'épopée du sein de l'Antiquité à nos jours*, Paris, La Martinière, 1992.

GARSAULT, F.A., *Art de la lingerie*, Paris, imprimerie de L.-F. Delatour, 1771.

GIAFFERRI (GIAFAR), Paul Louis de, *La Lingerie chez soi. Deux cents secrets de coupe, quatre cents croquis de lingerie et dessous élégants*, Paris, A. Fayard et Cie, s.d. (*circa* 1927).

GRAND-CARTERET, John, *La Femme en culotte* (1899), Paris, Côté Femmes, 1993.

GRASSE, Marie-Christine, *Coup de soleil et bikinis*, catalogue d'exposition, Grasse, musée international de la Parfumerie, 1997.

HAUDIQUET, Annette, et BOUCHER, Shazia, *Vingt-cinq ans de lingerie ou la dentelle sans dessus-dessous*, catalogue d'exposition, Calais, musée des Beaux-Arts et de la Dentelle, 24 octobre 1997-4 janvier 1998.

KAUFMANN, Jean-Claude, *La Trame conjugale, analyse du couple par son linge*, Paris, Nathan, 1992.

KRAATZ, Annie, *Dentelles*, Paris, Adam Biro, 1988.

KUNZLE, David, "*The Corset as Erotic Alchemy: from Rococo Galanterie to Montaut's Physiologies*", *in Woman as Sex Object. Studies in Erotic Art, 1730-1970*, edited by Thomas B. Hess and Linda Nochlin (1972), Londres, Allen Lane, 1973.

KUNZLE, David, *Fashion and Fetishism. A Social History of the Corset, Tight-lacing and Others Forms of Body Sculpture in the West*, Totowa (New Jersey), Rowman and Littlefield, 1982.

LANDROY, Lyse de, *La Couturière chez soi. Cours de coupe et couture en 12 volumes*, vol. VI, *Les Tailleurs, la lingerie*, Paris-Genève, Éditions G. Liechti, Les Éditions pratiques, 1952.

NYLONS

LAURENT, Jacques, *Le Nu vêtu et dévêtu*, Paris, Gallimard, 1979.

LE FUSTEC, Marie-Madeleine, *Matières premières utilisées en lingerie*, Paris, Eyrolles, 1944.

LELIEUR, Anne-Claude, *Rayon Lingerie. Un siècle de publicité*, catalogue d'exposition, Paris, Bibliothèque Forney, 1992.

LÉOTY, Ernest, *Le Corset à travers les âges*, Paris, P. Ollendorf, 1893.

LIBRON, Ferdinand, et CLOUZOT, Henri, *Le Corset dans l'art et les mœurs du XIIIe au XXe siècle*, Paris, P. Ollendorf, 1932.

LOMBARDI, Paolo, et SCHIAFFINO, Marie-Rosa, *L'Éloge du bas*, Paris, 1989.

MARY, Bertrand, *La Pin Up ou la fragile indifférence. Essai sur la génèse d'une imagerie délaissée*, Paris, Fayard, 1983.

MARNY, *Le Bas à travers les âges*, suivi de *Ce qu'il est de bon ton d'acheter*, Paris, Marny, premier bonnetier de Paris, au 33, rue Tronchet, 1925.

MARTIN, Richard, et KODA, Harold, *Infra-Apparel*, catalogue d'exposition, New York, The Metropolitan Museum of Art, 1er avril 1993-8 août 1993.

MARTIN-FUGIER, Anne, "La douceur du nid. Les arts de la femme à la Belle Époque", *Urbi*, tome V, 1982.

MAUVAIN, Jacques, *Leurs Pantalons. Comment elles les portent* (1912), Paris, Jean Fort éditeur, 1923.

NÉRET, Gilles, *Les Dessous de la pub*, Paris, Robert Laffont, 1986.

O'FOLLOWELL, Dr, *Le Corset. Histoire, médecine, hygiène*, Paris, A. Maloine, 1908.

PAGE, Christopher, *Foundations of Fashion. The Symington Collection. Corsetry from 1856 to the Present Day*, Leicestershire Museums Publications, n° 25, 1981.

PAILLOCHET, Claire, *Sans dessus dessous*, Paris, Love me tender, 1983.

PEARCE, Arthur W., *The Future out of the Past. An Illustrated History of the Warner Brothers Company on its 90th anniversary, with the Histories of the Corporate Family, C.F. Hathaway, Puritan Sportswear and Warner Packaging*, Hartford (Connecticut), 1964.

PERROT, Philippe, *Les Dessus et les dessous de la bourgeoisie. Une histoire du vêtement au XIXe siècle*, Paris, Fayard, 1981.

PERROT, Philippe, *Le Travail des apparences, ou les transformations du corps féminin, XVIIIe-XIXe siècle*, Paris, Le Seuil, 1984.

PROBERT, Christina, *Lingerie in* Vogue *since 1910*, New-York, The Condé Nast Publications, Londres, Thames and Hudson, 1981.

RACHLINE, Michel, *L'Art de la lingerie*, Paris, Etam/Olivier Orban, 1988.

ROMI, *Histoire pittoresque du pantalon féminin*, Paris, J. Grancher, 1979.

SAINT LAURENT, Cécil, *Histoire imprévue des dessous féminins*, Paris, Herscher, 1986.

SIMON, Louis, *Dim*, Paris, Le Chêne, 1985.

SYLVESTRE, Armand, *Les Dessous de la femme à travers les âges*, Paris, E. Bernard & Cie, 1902.

SZTAJN, Lili, *Histoire du porte-jarretelles*, Paris, La Sirène, 1992.

VERDIER, Yvonne, *Façons de dire, façons de faire. La laveuse, la couturière, la cuisinière*, Paris, Gallimard, 1979.

VIGARELLO, Georges, *Le Corps redressé*, Paris, J.-P. Delarge, 1978.

VIGARELLO, Georges, *Le Propre et le Sale. L'hygiène du corps depuis le Moyen Âge*, Paris, Le Seuil, 1985.

WARNER, Deborah, Jean, "*Fashion, Emancipation, Reform and the Rational Undergament*", New York, *Dress*, vol. IV, 1978.

WAUGH, Norah, *Corsets and Crinolines* (1954), Londres, B. T. Batsford, 1970.

PRINCIPAUX PÉRIODIQUES SPÉCIALISÉS CONSULTÉS

Albums du Jardin des modes
Belle Lingerie
Le Corset de France et la lingerie
Création Lingerie
Les Dessous élégants
Élégance des dessous
Journal de la lingerie
Lingerie et linge de France.
Lingerie parisienne
Mode Dessous international
Mon aiguille
Revue de la lingerie

Page de gauche : États-Unis, années quarante.
Page précédente : Lingerie, *Elle*, 1998.
Page 188 : String, 1995.

CRÉDITS PHOTOGRAPHIQUES

2-3 Lillian Bassman, Courtesy Howard Greenberg Gallery, New York.
4 Leonard Freed/Magnum, Paris.
6 Don Freeman, New York.
8 Bruno Bisang, Paris.
11 David Seidner, New York.
12 Robert Capa/Magnum, Paris.
15 R.M.N., Paris.
16 A.K.G., Paris.
17 D.R.
18 Mary Evans/Explorer, Vanves.
19 Collection Viollet, Paris.
20 Jeandel/R.M.N., Paris.
21 Jeandel/R.M.N., Paris.
22 A.K.G., Paris.
23 D.R.
24 Collection Viollet, Paris.
25 Collection Viollet, Paris.
27 Collection Kharbine-Tapabor, Paris.
29 Collection Sirot-Angel, Paris.
30 Sygma, Paris.
31 Sygma, Paris.
32 A.K.G., Paris.
33 Eugène Atget, Paris.
35 Mary Evans/Explorer, Vanves.
36 D.R.
37 Jean-Baptiste Mondino, Paris.
38 Archives Cadolle, Paris.
39 Collection Sirot-Angel, Paris.
40-41 Roger Viollet, Paris.
42 Collection Cat's, Paris.
45 D.R.
46 Collection Viollet, Paris.
47 A.K.G., Paris.
48 J.-H. Lartigue/Association des amis de Jacques-Henri Lartigue, Paris.
50 Collection Viollet, Paris.
51 Collection Viollet, Paris.
52 D.R.
53 Archive Photos, Paris.
54 Lipnitzki-Viollet, Paris.
55 Lipnitzki-Viollet, Paris.
56 Collection Sirot-Angel, Paris.
57 D.R.
59 Roger Viollet, Paris.
60 Roger Viollet, Paris.
61 N.D. Viollet, Paris.
62 Collection Viollet, Paris.
63 Archives Cadolle, Paris.
64 Collection Viollet, Paris.
65 Collection Viollet, Paris.
66 François Kollar/ministère de la Culture, Paris.
68 Sygma, Paris.
69 J.-L. Charmet, Paris.
70-71 Universal/Kobal/P.P.C.M., Saint-Ouen.
72 Roger Viollet, Paris.
73 D.R.
74 Sygma, Paris.
75 Collection Viollet, Paris.
76 Universal/Kobal/P.P.C.M., Saint-Ouen.
77 François Kollar/ministère de la Culture, Paris.
78 Archives Cadolle, Paris.
79 Archives Cadolle, Paris.
80 A.K.G., Paris.
81 Sam Lévin/ministère de la Culture, Paris.
83 Kurt Hutten/Corbis/Sipa, Paris.
84 Laziz Hamani, Paris.
85 Laziz Hamani, Paris.
86 Henri Cartier-Bresson/Magnum, Paris.
87 D.R.
88 D.R.
89 Édouard Boubat/Top, Paris.
90-91 Lillian Bassman, Courtesy Howard Greenberg Gallery, New York.
92 D.R.
93 G. Dambier/U.F.A.C., Paris.
94 Teddy Piaz/U.F.A.C., Paris.
95 Georges Saad/U.F.A.C., Paris (à g.). Teddy Piaz/U.F.A.C., Paris (à dr.).
96-97 Robert Doisneau/Rapho, Paris.
98 Sam Lévin/ministère de la Culture, Paris.
99 Sam Lévin/ministère de la Culture, Paris.
100 Laziz Hamani, Paris.
101 Collection Kharbine-Tapabor, Paris.
102 D.R.
103 Philippe Halsman/Magnum, Paris.
105 Archive Photos, Paris.
107 B.I.F.I., Paris.
108 Collection Cat's, Paris.
109 U.F.A.C., Paris.
111 Philippe Halsman/Magnum, Paris.
112 P. Morin/Sipa, Paris.
113 Sam Lévin/ministère de la Culture, Paris.
115 Peter Knapp, Paris.
116 Jeanloup Sieff, Paris.
117 U.F.A.C., Paris.
118-119 Keystone, Paris.
120 D.R. (en haut). U.F.A.C., Paris (en bas).
121 U.F.A.C., Paris.
122-123 Peter Knapp, Paris.
124 D.R.
125 Archives Cadolle, Paris.
126-127 Guy Bourdin, Paris.
128 U.F.A.C., Paris.
129 U.F.A.C., Paris.
130 J.J. Bugat/Marie Claire, Issy-les-Moulineaux.
131 Jean Coquin/Marie Claire, Issy-les-Moulineaux.
132 Bibliothèque Forney, Paris.
133 Martine Frank/Magnum, Paris.
135 Helmut Newton, Monte-Carlo.
136 Peter Lindbergh/Archives Dim, Paris.
137 Jeanloup Sieff, Paris.
138-139 Guy Bourdin, Paris.
140 Patrick Trautwein/Archives Renata, Paris.
141 Jeanloup Sieff/Vu, Paris.
142-143 Ferdinando Scianna/Magnum, Paris.
144 D.R.
145 Jeanloup Sieff/Vu, Paris.
146 Jean-Paul Goude/Archives Dim, Paris.
147 Jeanloup Sieff, Paris.
149 Peter H. Fürst/Rheinisches Bildarchiv, Cologne.
151 Christian Kettiger, Paris.
152 Princesse Tam-Tam, Paris.
153 Peter Lindbergh/Filomeno, Paris.
154 Françoise Huguier/Rapho, Paris.
155 Marc Hispard, Paris.
156 Sygma, Paris.
157 Archives Éditions Assouline.
158 Helmut Newton/Wolford, Paris.
159 Helmut Newton/Wolford, Paris.
160 Pia Van Spaendonck/Archives Kookaï, Paris.
161 Paolo Roversi, Paris.
162 Gruppo La Perla, Bologne.
163 Elke Hesse/Vannina Vesperini, Paris.
164 Peter Lindbergh/Filomeno, Paris.
165 Peter Lindbergh/Filomeno, Paris.
166 Archives Rosy, Paris.
167 Lothar Schmid/Filomeno, Paris.
168 Archives Dim, Paris.
169 Christian Kettiger, Paris.
170-171 Steven Meisel/Calvin Klein underwear, Paris.
172 Une Femme à Part, Paris.
173 Christophe Kutner/Archives Chantelle, Paris.
176 Gruppo La Perla, Bologne.
175 Emmanuelle Hauguel, Paris.
176 Barbro Andersson, Paris.
182 David Seidner, New York.
184 Keystone, Paris.
186 Dominique Issermann, Paris.
188 Bruno Bisang, Paris.
190 Lothar Schmid/Filomeno, Paris.
192 Archives Du Pont de Nemours, Paris.
194 Henri Cartier-Bresson/Magnum, Paris.
196 Marcel Bovis/ministère de la Culture, Paris.
198 Robert Doisneau/Rapho, Paris.
200 Patrick Demarchelier/Calvin Klein underwear, Paris.

Page de gauche : Christian Dior et le mannequin Lucky, 1947.
Page suivante : Corset, 1947.
Page 198 : Boutique de frivolités, Angleterre, 1950.
Page 200 : Lingerie Chantelle, 1998.

REMERCIEMENTS

L'auteur remercie les personnes suivantes qui, à un moment ou à un autre, lui ont apporté aide et informations : Marlène Aouat, Catherine Aygalinc, Marie-Odile Bouillon, Dominique Cuvillier, Jacques Damade, Nicole Foucher, Véronique Pataut, Daniel Percheron, Dominique Quessada, Bruno Remaury, Suzanne Tise, Bernadette Villars et Éric Walbecq, ainsi que Martine et Prosper Assouline, Laurence Stasi, Julie David et Stéphanie Libérati des Éditions Assouline.
Merci également à Valérie Lemercier de nous avoir autorisés à reproduire des passages de sa chanson *95 C*, aux Éditions Melody Nelson des extraits des *Dessous chic* de Serge Gainsbourg, à Campbell Cornelly et Warner Chappell Music France une strophe des *Don Juan* de Claude Nougaro, enfin aux Éditions P.O.L. le texte intitulé "La commode", tiré de *La Vie matérielle* de Marguerite Duras.

L'éditeur tient à remercier mademoiselle Catherine Deneuve.
Merci aussi à tous ceux et celles qui ont aidé à la réalisation de ce livre, et plus particulièrement : Agence C.C.P., Agence Vu, Azzedine Alaïa, Barbro Andersson, Martine d'Astier (Association des amis de Jacques-Henri Lartigue), Lillian Bassman, Viviane Beauvillain (Chantal Thomass), Renata Benichou (Renata), Marie-Christine Biebuyck (Magnum photos), Véronique Biguand (B.I.F.I.), Bruno Bisang, Sandrine Bizzaro (Michele Filomeno), Christine Blanc (Vannina Vesperini), Angela de Bona, Mélanie Boswell (La Perla), Annie Bredin-Benezy (Aubade), Samuel Bourdin, Poupie Cadolle (Sarl Alice Cadolle), Sylvie Cantelli, Laëtitia Casta, Cat's Documentaliste, Alix de Chabot (Calvin Klein), Jean-Loup Charmet, Collection Sirot-Angel, Juliette Coste, Stéphanie Courtel (Agence Mafia), Gwénaëlle Dautricourt (Marie Claire), Patrick Demarchelier, Dim, Cécile Dubost (B.I.F.I.), Elle, Margit Erb, Mary Evans, Explorer, Sylvie Flaure, Don Freeman, Thierry Freiberg (Sygma), Marina Fröhling (Ludwig Museum, Cologne), Dominique Gabel-Litny (Une Femme à Part), les Galeries Lafayette, Gamma, Bernard Garrett (A.K.G.), Catherine Gosselet (Publicis Conseil), Jean-Paul Goude, René Gruau, Michèle Guérin (Du Pont de Nemours), Laziz Hamani, Véronique Hascoët (Antinéa), Emmanuelle Haugel, Anne Herme (Roger-Viollet), Marc Hispard, Annick Huet (Centre d'information Lejaby), Françoise Huguier, Hulton-Deutsch, Dominique Issermann, Agnès Jacquet, Sandrine Kaïm (Marie Claire), Karen (Art & Commerce), Kharbine-Tapabor, Christian Kettiger, Peter Knapp, Kobal Collection, Christophe Kutner, Sybille de Laforcade (Nina Ricci), Alexandra Lejeune, J.-A. Lelorrain (Sarl Alice Cadolle), Sabine Lévin, Peter Lindbergh, Ruth Malka-Viellet (Karin), Marie Claire Copyright, Steven Meisel, Jean-Baptiste Mondino, Emmanuelle Montet (U.F.A.C.), Hervé Mouriacoux (A.K.G.), Roswitha Neu-Kock (Ludwig Museum, Cologne), Helmut Newton, Sylvie Nissen, Marino Parisotto, Vincent Peter (Madison), Sylvie Pitoiset (Ville de Paris/Bibliothèque Forney), Marc Pussemier (Trademarc), Gilles Raison (Princesse Tam-Tam), Fanny Ramadier (Chantelle), Rapho, Réunion des musées nationaux, la Maison Rochas, Hélène Rossignol (Michele Filomeno), Marie-Françoise Rouy (Wolford), Paolo Roversi, Lothar Schmid, Ferdinando Scianna, Scoop, David Seidner, Catherine Seignouret (Keystone), Philippa Serlin, Jeanloup Sieff, Calypso de Sigaldi, Sipa Press, Sabine Spruyt, Stella Tennant, Catherine Terk (Archive Photos), Chantal Thomass, J. Walter Thompson (Lejaby), Top, Barbara Tubaro (T.D.R.), Christy Turlington, Claude Vittiglio (Association française pour la diffusion du patrimoine photographique), Estella Warren, Tina et Suzan Winfield (Une Femme à Part), Patrizia Zevi (La Perla).

26-28, rue Danielle-Casanova
75002 Paris, France
Tél. : 01 42 60 33 84
Fax : 01 42 60 33 85
www.assouline.com

Dépôt légal : 2nd semestre 1998

ISBN : 2 84323 687 8

Photogravure : Gravor (Suisse)
Imprimé par Grafiche Milani (Italie)

Conception graphique : Isabelle Ducat

Achevé d'imprimé : février 2005